ものが語る歴史　26

箸の考古学

高倉洋彰

同成社

はじめに

食事は人にとって欠かすことのできない重要な営みだが、食べ物を口に運ぶ方法は手で直接つかんだり、補助具として箸やナイフ・フォーク・スプーンを使ったり、さまざまである。ここでは、口に運ぶ方法の相違によって生じる摂食法の違いを、箸文化の研究に大きな足跡を残した一色八郎にしたがって、手食、箸食、ナイフ食と表現しよう（一色 1990）。

一色はその異なる摂食の方法が、手食40%に対して箸食とナイフ食がそれぞれ30%の割合であるとしている。もう少し詳しくみてみると、根茎・果実類や粘り気の少ないインディカ種の米を主食とするアフリカ、イラン・イラク・トルコなどの中近東、インド、東南アジアの人びとが手食であるのに対し、粘り気のあるジャポニカ種の米や麺類を主食とする中国およびその周辺の朝鮮・日本・台湾・ベトナムなどが箸食、そして肉類を多く食べるヨーロッパ、南北アメリカ、ロシアなどはナイフ食となる傾向が強いと指摘している。こうした地域的な傾向はあるが、しだいに手食がナイフ食に移行していることも認めている。

一色は手食からナイフ食への移行を考えたが、現在では中国料理・日本料理・韓国料理の欧米への普及にともなって、急速に箸食が増えている。パリのルーブル美術館のまわりには何軒ものラーメン屋があるし、ローマでも店の名前を漢字やハングル・仮名で書いた中国・韓国・日本の料理屋をあちこちでみかけた。在外研究でケンブリッジ大学に行った同僚から、使い方が袋に図示された大学レストランの割り箸をもらったことがあるし、アラビア航空の機内食に付いていた箸を土産にくれた友人もいる。タイ文化を研究している同僚に聞くと、タイでは箸が普通に使われているが、都会に出るとナイフとフォークでの食事の場面を多くみかけると教えてくれた。手食の典型ともいえるインドネシアのナシゴレンをナイフとフォークを使って食べているテレビの映像に驚いたこともある。

中国の少数民族の民族誌を調べると、手食の人びとが富裕層・知識層からしだいに箸食に移行し、今では民族全体が箸食になっている事例が多くみられる。たとえば、新中国の成立後、佤（ワ）族などの手食であった少数民族に箸食が普及している。

佤族は雲南省西南部からミャンマーにかけて居住する少数民族で、首狩り習俗の維持で周辺民族から恐れられていた。1957年の時点で人口42,455人の西盟佤族自治県では佤族がその86.14%を占めていた（民族 1983）。ここの佤族は「吃飯一般不要筷子、用手抓食」というから、手食であった。野菜（蔬菜）を料理するのに洗うことがないなど、衛生に対する観念も欠如していた。その佤族だが、全人口を佤族が占める西盟県大馬散寨では、1949年の中華人民共和国成立後の生活改善によって、野菜を洗う人びとがあらわれ、食事に箸を用いる習俗がはいってきている。西盟県永広寨や翁戞科寨でも食器に木椀や陶器椀を使い、箸で食事する人びとがあらわれている。その一方で、西盟県岳宋寨では依然として「吃飯不用筷子、用手抓」、つまり手食を続けている。箸食がはじまった翁戞科寨の場合は拉祜（ラフ）族や漢族から新たな食習慣を学んだことが記されている。その普及は、まず富裕層あるいは漢族をはじめとする箸食民族との接触の機会の多い知識層からはじまり、しだいに全体に及んでいる。箸食をすることが富裕あるいは文明理解の目安の一つとなっている。

同じことは日本でもあり、たとえば北海道千歳市の美々8遺跡の出土品から、アイヌ民族が本土との交流の結果として箸を受け入れていることがわかる。美々8遺跡では、樽前b火山灰（1667年降下）と樽前a火山灰（1739年降下）

に挟まれた黒色遺物包含層から、アイヌ民族固有の宗教儀礼に用いる木幣・木札・花矢・捧酒箸などとともに、本州からもたらされた木製の箸が椀にともなって出土していて、この時期に本州との接触で箸が伝わってきたことを示している（文化庁 2005）。これらの文化移動にともなって手食から箸食へと変化する傾向からみて、現在では手食は相当に減少しており、それに反比例して箸食とナイフ食が拡大していると思われる。

その箸食だが、私は欧米人でも手食の国の生まれでもないからよくわからないが、彼らの目でみると、箸食文化は単純・単一の東アジア特有の文化としてとらえられているのではないかと思う。しかしそうではない。私がよく訪れる中国や、ことに韓国は日本とはかなり異なった箸文化をもっており、中国と韓国でも相違する。中国に起源をもつ箸文化は、その使用の長い歴史のなかで、それぞれの民族や地域の個性をもつように変化してきている。箸食という同質性と、箸の使用法や置き方に顕著にあらわれる異質性。ここには漢字文化圏・儒教文化圏・仏教文化圏などのいくつもの共通項をもち共に歴史を刻んできた東アジア世界のなかの、同質性と異質性が凝縮されている。

以下、本書では「箸」を素材に、東アジア世界の同質性と異質性の起源を考えてみることにする。

目　次

箸の考古学

第1章　弥生時代の食卓

菜畑の食材

鹿児島県指宿市にある時遊館COCCOはしむれ（指宿市考古博物館）は、これからの博物館像を示唆するユニークかつわかりやすい展示手法で注目されているが、その一画に縄文人と弥生人が同じテーブルに着いて互いの食事を比べている個所がある（指宿市 1996）。縄文人がタイの石焼き、ドングリ団子、アワビの燻製、シカ肉のステーキ、貝のスープなどを食べているのに対し、弥生人は主食のコメ（赤米）のご飯に、アサリやイイダコの入った季節のうま煮、アユの姿焼き、ダイコンの味付け煮、煎りダイズからなるおかずが付き、口噛みの酒が添えられている（図1）。見ていると縄文人のグルメぶりに食欲をそそられる。

ここで弥生人の食卓を飾っているメニューを実証することは難しいが、その元になる食材については各地の遺跡から好資料が続出していて、縄文人に劣らないグルメ生活をうかがうことはさほど難しくない。たとえば最古の弥生文化を示す遺跡の一つである唐津市菜畑遺跡からは次のような目を見張る多種多様の食材が出土している。植物質の食材には、穀類のコメ・オオムギ・アワ・ソバ・アズキをはじめ、シソ・ゴボウ・メロン・マクワウリ・ヒョウタン・マタタビ・イヌザンショウ・ヤマグワ・ヤマイモなどがある。動物質食材はさらに多様で、イノシシ（ブタ？）・シカ・ウシ・ノウサギ・ムササビ・イヌ・タヌキ・テン・アナグマ・イルカ・ニッポンアシカなどの哺乳類をはじめ、魚類ではマイワシ・ボラ・マグロ・カツオ・マサバ・マアジ・ブリ・スズキ・クロダイ・

図 1　COCCO はしむれの縄文人と弥生人の食卓

マダイ・ベラ・ハゼ・コチ・ヒラメ・カレイ・マフグ、貝類もサザエ・スガイ・ヤマトシジミ・チョウセンハマグリなど 29 種がみられるし、ウニやカニ、そしてカエルなどももちろん食べている。菜畑遺跡で出土したこれらの食材のほとんどは今でも唐津地方で栽培・採集・捕獲できるものであって、要するに何でも食べていたということになる。

これらの食材が今でも唐津地方で現地直産のものが手に入るということは、その多くは縄文人にも食されていたということでもある。そして菜畑ムラのようなごく一部を除いて、縄文人の口に入ることのなかった食材の代表に、水稲耕作文化体系の主役として縄文時代の終末期に伝わってきたコメがある。つまり COCCO はしむれの展示のようにコメを主食にする、もしくはそれに憧れる食生活こそが、弥生食をイメージ付けるといってよかろう。

ところで、私たちの知ることのできる最初の食の記録は『魏志』倭人伝である。記載の順に抜き出すと、「海物を食して自活し」「田耕せども猶食するに足らず」「好んで魚鰒を捕え、水深浅と無く、皆沈没して之を取る」「魚蛤を捕え」「倭の地は温暖、冬夏生菜を食す」「食飲には籩豆を用いて、手食す」「時に当りて肉を食わず」「歌舞飲酒す」「薑・橘・椒・襄荷有るも、以って滋味と為すを知らず」「人性酒を嗜む」とある（石原 1985）。対馬では不足し壱岐でも十分ではなかったもののコメが食の中心となり、魚や鮑・蛤などの魚介類やおそらく海藻類からなる海産物、獣肉、中国の当時の語彙からして生野菜を意味する生菜などを食べていたことになるが、菜畑遺跡がこれを実証している。それでは菜畑の人びとは、そして弥生人はこれらの食材をどのようにして食べていたのであろうか。

ご飯の炊き方

まず主役のコメの調理法を紹介しておこう。

かつて弥生のご飯はおこわ状に蒸して食べていたと考えられていた時期があった。それは弥生土器の一種に、甕の底部に孔を一つ開けた形態の、甑（こしき）が存在することからの発想だった。蒸し器、蒸籠に相当する道具で、水を張った甕に甑を重ね、甕のなかで沸騰した湯気が甑の底の孔から立ち上ってコメを蒸すようになっている。つまりおこわ状のご飯ができあがる。底部の孔は古墳時代以降多孔化するものの、時間のかかる調理法であった。甑の存在からこうしたご飯の蒸し方もあったろうが、遺跡から出土する甑の数は極端に少なく、実用的とは思われない。

その一方で遺跡から、焦げたコメ粒がこびりついたり、器体の外側にスス状に焦げてついた吹きこぼれ部の残る甕が出土する。木下正史は、底部に孔のある甑状の土器でススのついているものを検討し、普通の煮炊き用として使ってススで汚れた後に孔をあけた転用品であることを指摘し、さらに奈良県橿原市四分遺跡で出土した甕36個中34個（94%）、壺35個中20個（57%）には内外面に焦げつきやススの付着があり、火にかけて煮炊きしたことが明らかである

（木下 1976）とし、日常のご飯は甕で炊かれていたことを推測させている。小林正史と柳瀬昭彦も、岡山県倉敷市上東遺跡で観察した甕 27 個のうちの 24 個の内面に炭化した穀粒（米を主体に粟・稗のまじるものがある）の分析結果にもとづいて炊飯方法を復原し、炊きあげる炊飯方法での調理を論証し、粥や雑炊のように水分で増量させるのではなくご飯を食べる機会が多かったと述べている（小林・柳瀬 2002）。今でも日常の軟らかなご飯（姫飯）と、祭りなど非日常的なおこわ（強飯）では頻度に差があり、それが釜として用いられた痕跡を残す甕と甑の出土数の差となっている。

甑で蒸す方法と甕で炊く方法の両者の相違は、両方の方法でご飯を作った間壁葭子の実験によって確かめられている（間壁 1989）。

まず、甑で蒸す方法では、一孔式のものでは着火後 35 分で湯気が立ちはじめるが、蒸し上がるまでに実に 100 分を要している。多孔式のものは 25 分後に湯気が立ちはじめ、60 分で蒸しあがっている。この場合、コメ粒が孔から落下しないように直接布などを甑の内底に敷くと蒸しあがらない。底とコメの間に小枝などで空間を作っておく必要がある。

次に甕で炊く方法では、15 分で湯気が上がり、30 分で完全に炊きあがっている。これは一孔式に比べて約 3 分の 1 の時間しかかかっておらず、強飯に対して短時間でできあがり、しかも土器 1 点で事足りる大きな利点をもつ姫飯の方が毎日の生活に適している。しかもこの方法には、鶏飯のような混ぜご飯が容易にできる利点があり、コメが不足する場合には雑炊のような炊き方も可能になる。間壁の実験ではニワトリ・タコ・アサリ・ワカメ・フキ、それに少量のダイズを炊き込んであるが、アサリからの塩味で美味であったと述べられている。94 年秋に静岡市の登呂遺跡を見学した際に、市立登呂博物館がコメ作りの体験学習の仕上げとして行なっているコメの炊飯実験に、偶然出会った。そこで炊かれたご飯をいただいたが、土器から連想される泥臭さはなかった。

間壁の実験では甕に木製の蓋をかぶせてあったが、細かなことをいうと、遺

図2　静岡市登呂遺跡で試みられていた蓋なしでの炊飯実験

跡からは土製あるいは木製の蓋はほとんど出土しない。先の静岡登呂遺跡のコメの炊飯実験では写真のように蓋を用いずにコメを炊きあげていた（図2）。残念なことに所要時間などの記録を取っていなかったが、着火後あまり時間を置かずに湯気があがっているので、間壁の実験と大差ないように思われ、蓋はなくても短時間で炊きあがることがわかる。

間壁の場合は、五徳状に配された3個の支脚の上に甕が置かれ、登呂の例では腰高の底部のため直接火にかけられていた。北部九州では弥生時代中期以降、福岡市宝台遺跡で検出された支脚を3個配する方法が一般化していたし、韓国済州島では近年まで済州民俗村でみた土製の3脚の竈で炊飯していた（図3）。沖縄県では自然石を3個使っている例もあるので、造り付け竈出現以前、ことに弥生時代には土製支脚あるいは石などを用いていたのであろう。新石器時代の中国でも、コメを炊く方法はまず支脚利用法からはじまり、甕（釜）と支脚3個を一体化した鼎・鬲などの三足土器、それに灶や竈などの使用へと変

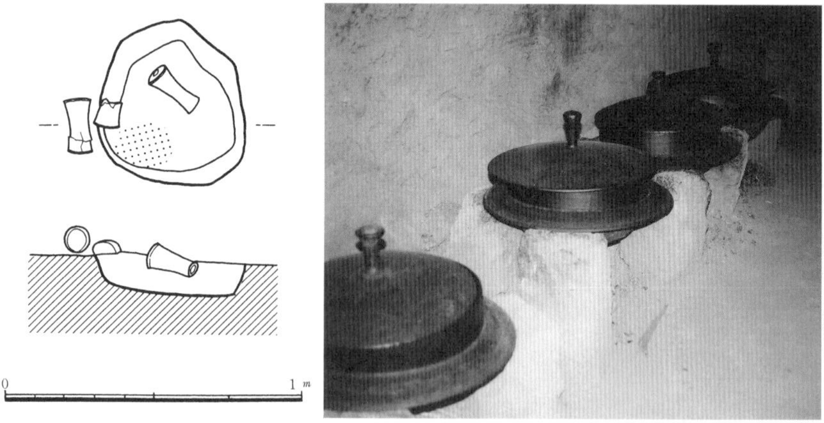

図3　福岡市宝台遺跡の支脚（左）と済州島の支脚風竈（右）

化する。著名な河姆渡遺跡のある江南地方では支脚から鼎・鬲への変化は河姆渡３層と２層の間にあり、早くも紀元前3000年代には転換している。このことは日本への水稲耕作技術の伝播経路を考える上できわめて重要で、つまり鼎・鬲などの三足土器を欠く日本への伝播は、それの存在する江南地方からではなく、前時代の支脚利用法を残存させる周辺地域からであることを物語っている。

なお、蒸したコメの利用例として、石川県杉谷チャノバタケ遺跡出土のチマキ（粽）がよく知られている。おにぎりのようでもあるが、長三角形状をしていて、側辺に紐で縛ったような痕跡を残しており、しかもモチゴメを蒸したものである可能性が指摘されている。河姆渡遺跡を訪ねた際に、余姚市でこれとそっくりのチマキを見たこともあるので、これはモチゴメなどを笹の葉で包んで蒸すチマキとみて誤りなかろうと思っている。

食卓の様子

中国の穀倉地帯江南地方、なかでも太湖のあたりに行くと、「魚米之郷」の看板をみる。食卓を飾るものとしては、コメを炊いたご飯だけではなく、魚つまり副食のおかずが必要なのであって、魚米之郷は豊かな食生活の場をあらわし

図４　水田耕作と組み合った淡水漁撈と狩猟

ている。漢代の画像資料や造形資料にもこのことが表現されている。

図４は四川省成都市郊外で出土した後漢の画像塼で、下段に水田で稲刈をしている農民、上段に陂塘（溜池）での養魚と蓮（蓮根）栽培、そして弋（イグルミ、矢に糸をつけて飛鳥を射る弓）でカモを射落とそうとしている人物からなる、弋射収穫図が描かれている。漢代には陂塘稲田の模型があるが、これらもまた水田と溜池のセットが基本になっている。水田と溜池のセットは主食と副食のセットでもある。水の流れの豊かな日本では簗や筌の調査例が物語るように小川を利用することもあったろうし、水田や用水路を利用した漁撈もあったろう（根木・湯浅・土肥 1992）。しかし水回りの悪い平地には溜池がおそら

図 5　籩豆とよばれた高杯
魏使の客館跡との説もある福岡県糸島市三雲番上遺跡出土。

くあったと思うし、中国の貴州省でみたような刈りいれ後の水田を利用しての放魚などもあったろう。私の子供時代の、農薬が使われない水田には鮒などの小魚が泳いでいたが、今にして思えば、これは偶然ではなく魚米のセットとして放されていたのかもしれない。

副食の素材は菜畑の食材で紹介したように多種多様で現在と大差ないが、料理･調理ということになると難しくなる。図 1 はあくまで想像で、アユの姿焼きやダイコンの味付け煮の実例があるわけではない。魚米の関係からすれば鮒ずしのような醗酵食品も考えられるし、今でも生食をしない中国人の目には奇異に映ったのであろうが、『魏志』倭人伝に「冬夏生菜を食す」とあるから、生野菜や膾のような料理も加えられよう。そうすれば図 1 は弥生食にもっと近付いたろうと思っている。ともあれ、副食は味付けされたほうが美味しいから、山崎純男が指摘するような塩分補給を兼ねた干し貝（山崎 1996）や、岡山県の南溝手遺跡の住居跡から出土した甕に貯蔵されたエゴマのような、調味料の存在を考えてもよかろう。

こうして調理された食事を倭人は籩豆に盛り合わせて、手食していたという。手食は「手づかみで食べる」と考えられているが、それでよいのだろうか。また、彼らは酒を好んでいたともいう。籩豆の「豆」は脚の高い器をいい、籩豆は竹で作った脚の高い器をさす。日本の弥生時代の遺跡からそれに該当する器は出土しないが、脚の高い器としては木製・土製の高杯がある（図5）。籩には「たかつき」という意味もあるから、高杯に食べ物を盛り合わせて食事をしたということであろう。高杯に飯を盛ったという考えもあるようだが、時代は異なるものの『万葉集』巻16の能登国歌三首のうちの3880歌に詠まれている、掘ってきた小螺（ツブ貝のような小さな巻貝）の殻を石で割り、取り出した身を塩で揉み、「高杯」に盛ったとあるような使い方、つまり博物館で復原展示されている弥生食で高杯が受けているオードブル皿的な扱いでよいのではと考えている。

自然が恵んでくれた海の幸、山の幸を満喫でき、しかもコメをはじめて食べることのできた弥生人の食卓は、グルメの極致だったように思えてならない。そして問題は弥生時代の食卓に箸が存在したか否かである。

第２章　倭人の手食

倭人の手食

食卓で摂食するには手食・箸食・ナイフ食の３種があるが、現代の食生活ではこれらが組み合わさることが多い。私たち日本人は、普通、箸食をしている。しかしレストランでランチにステーキを食べるときにはナイフとフォークを用いるし、和食の店で同じ料理がランチから定食に名前を変えると箸で食べることになる。鮨屋に行くと握りを手でつまむし、焼肉屋では生野菜で包んだ焼肉を手で口に運ぶ。この食べ物を直接手で口に運ぶ食事法を手食といっている。

３世紀の倭人の習俗を伝える『魏志』倭人伝に、倭人の食習慣の一つとして「食飲用籩豆手食」が紹介され、「飲食には高坏を用い、手で食べる」と現代語訳されていること（石原 1985）から、倭人は手づかみで食べたとみなされている。同じことが『後漢書』東夷伝には「食飲以手而用籩豆」とあり、「飲食は手づかみ、高坏を用いる」となる。『晋書』四夷伝では「食飲用爼豆」、『梁書』諸夷伝には「食飲用籩豆」と籩と爼の相違はあるものの同じ内容を記録するが、食事の方法は伝えていない。

ところが７世紀にはいっても倭人伝以来の手食の習慣は変わらなかったらしく、『隋書』倭国伝には「俗無盤爼藉以槲葉食用手餔」、つまり「習慣では盤爼（食べ物を盛り付ける台）がなく、槲（かし）の葉をしき、手づかみで食べる」と、具体的に食事の光景が描写されている。ただ詳しくみると、倭人伝が「手食」とするのに対し、『後漢書』『隋書』は「以手」「用手」で微妙に異なっているが、手づかみで食べたという雰囲気は一致していて、倭人の伝統的な食事法であったように思われる。

手づかみ食に関する考古資料も少しずつ増えてきている。2002年度の「発掘された日本列島」新発見考古速報展では、新発見グルメ情報「発掘された食べ物」として、弥生時代中期後半の石川県鹿西町杉谷チャノバタケ遺跡出土のチマキ（粽）状炭化米塊をはじめ、平安時代の茨城県ひたちなか市武田西塙遺跡出土の握り飯（おにぎり）状炭化物、同じ平安時代中ごろの千葉県多古町新城遺跡出土の包み飯（蒸籠で蒸した固めの飯を布でおにぎり状に包んだもの）などが展示されていた（文化庁 2001）。ここにはなかったが、神奈川県平塚市の真田・北金目遺跡群で発掘された弥生時代後期の焼失住居から、籠のようなものにはいった状態でおにぎり4個が出土している。これらはおにぎりもしくはチマキの形をしていて、しかもいったん蒸したものを焼いている。冷えて固くなったものを温め直したのか、腐敗を防ぐために焼きおにぎりにしたものであろう。握り飯（おにぎり）は食器のいらない簡便なもので、現在でも手づかみで食べる。そのおにぎりやチマキが弥生時代からあったことは資料で裏付けられるから、倭人が手づかみで食べていたという記事に違和感はない。

この点に関して、食に関する考古資料を分析した柳瀬昭彦は、弥生時代における箸の未確認、箸とセットとなる匙についてもスプーン状木器の希少性から、お粥のような液状の食べ物は手で食べにくいから、手食であった可能性を否定しないものの、「箸の存否についての実証的研究は今後の課題」としている（柳瀬 1998）。これに加えて、当時すでに食事に箸と匙を用いていた漢の人びとと交流していた倭人、ことに長安や洛陽の宮廷で彼らと宴席を同じくする機会があった倭の使節は、箸や匙を体験したはずであることも参考になる。後掲の図15に地方官人の宴席の一部を示したが、この宴には60人前後の客が列し、箸を使って食事をしながら演舞や幻術を楽しんでいる。朝廷の宴席は格段にきらびやかなものだろうから、食事作法は厳しかったろう。そこで体験した箸と匙、ことに同じ太さの2本の木や竹を用いれば事足りる箸の使用法を倭に伝えるのに、技術的にも使用法の説明にしても難しい点は何もない。実際、先に紹介した登呂遺跡の炊飯実験では参加者は自分の食器と箸を持参することになっていたが、不意の参加の私は用意していなかった。すると、近くにあった木の枝を切り取って、即製の箸を作ってくださった。こんなに簡単な箸を作らずに、「手食」しているのであれば、手食には「手づかみで食べる」というような簡単な解釈ではすまされない何らかの意味があろう。

奈良時代の箸の用途

実は前節にはミスリードがある。それは漢の宴席で箸や匙を用いていたとしたことである。それは事実だが、この文章では、箸で飯を食したと誤解する。しかし当時は、第３章で詳述するように、中国でも飯は手または匙を用いて食べたのであって、したがって手食にはもっと別の意味がある。

近年、倭人（弥生人）の食卓を復原展示する博物館が増えてきている（図6）。食への関心には強いものがあり、従来の炭化米や出土の獣魚骨などの食素材をそのままに展示して食文化を語ろうとした姿勢から、献立の復原へと展示が次第に進化しているといえよう。それは、展示にわかりやすさが配慮されるようになったことであり、視覚的あるいは動的な工夫が試みられるようになってきた成果である。

第４章で後述するが、食文化に関しては、私もかつて九州歴史資料館に勤務していた際に、奈良時代の上級官人と庶民の食膳を復原したことがある（九州歴史資料館 1988）。いずれにも箸を添えておいたが、実はこの復原は、平城宮跡発掘開始20周年を記念してNHKが「よみがえる平城京―天平の生活白書―」という特別番組を制作したときに、奈良国立文化財研究所が復原した上級官人と下級官人の食膳を大宰府風にアレンジしたものであった（図27）。つまり、食素材や加工法については大宰府の出土資料を参考に検討したが、食膳の全体は奈良国立文化財研究所の成果にしたがった。

図6　弥生食の復原
上：ケの食卓　下：ハレの食卓（川崎市市民ミュージアム所蔵資料）

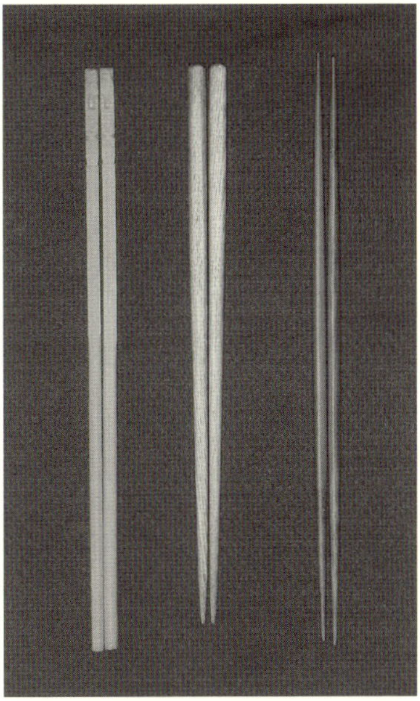

図7　二本箸の形
左：寸胴箸　中：片口箸　右：両口箸

奈良国立文化財研究所の食膳復原に関する苦心は、先の特別番組と同題の出版物（坪井 1980）からうかがえる。食膳は「天平のメニュー」という章で検討されているが、その最初に箸に関する部分がある。それを読むと、現在私たちが使っている、片方が細くなる片口箸が平城京では出土せず、両端がやや細くなる胴太先細の両口箸、および胴も端も同じ太さの寸胴箸ばかりであることが注目され、奈良時代には片口箸は使用されていないと結論されている（図7）。またピンセット型の箸との関係を整理され、それは祭器用であると推定されている。こうした検討を経て、天平の上級官人の食膳には手前に寸胴箸と杓文字、下級官人にも寸胴箸が置かれ、「〈昔〉のことは、はし一つにも苦労するものである」とまとめられている。

奈良時代の箸の普及については佐原真が『食の考古学』（佐原 1996）のなかで、宮跡・京跡からの箸の出土状況を点検し、

7世紀～8世紀初め	藤原宮○	藤原京×
8世紀初め～後半	平城宮◎	平城京○
8世紀終わり	長岡宮	長岡京◎
8世紀末	平安宮	平安京◎

（×はほとんどなし、○は少数、◎は多数、無印はデータなしを示している）とまとめている。また、長岡宮・平安宮からは出土していないが、藤原宮と藤原京、平城宮と平城京の関係からみて、箸はすでに普及していたことも指摘し

ている。平城京で出土する箸は、使うために握る把部と口に食べ物を運ぶ端部がほぼ同じ太さの寸胴箸であった。ところが長岡京左京の溝 SD1301 から出土した1万本近い箸のうちの完全な例をみると、その8割近くが端部をわずかに細くする片口箸で、21.1～22.0 cm（約7寸）程度のものが多かったという。これらの佐原による箸の考察は、考古学研究者による箸研究の嚆矢というべきもので、高く評価できる。

ともあれ奈良時代には平城宮では箸が普及していたが、平城京での普及は認められていないのだから、ごく一握りの天皇以下の皇族や上級官人は箸を使用していたものの、一般の人びとまでにはまだ普及していなかったということになろう。後述するように、『隋書』倭国伝のいう「習慣では盤俎（食べ物を盛り付ける台）がなく、槲（かし）の葉をしき、手づかみで食べる」という食事の光景に私は疑問をもっているが、佐原の研究や、宮内省内膳職を務めた高橋氏が槲葉を椀や皿の代用に用いたことを氏の起源と伝える膳（かしわで）臣の後身であることを考えると、手食に適した盤・俎やカシワの葉を用いた食の光景の描写は、平城京においてさえ箸の出土が少ない事実の背景を物語っているようでもある。

大宰府風食膳の復原にあたって、古代の箸の出土傾向やメニューに関する奈良国立文化財研究所の結論に、何の疑問ももつことはなかった。しかし今にして、この検討に大きな疑問をもつようになった。それは箸の用途について、前漢代に完成したといわれる『礼記』の「曲礼」を引用して「飯は手で食べるか、さじで食べるものだ」としながらも、結局食事に際して箸を何に使うかという検討がされていない､言い換えれば飯用であることを暗示しているからである。ところが、1985 年に NHK で放映された藤原京の復原に関する「再現・飛鳥古京」では、この時代には箸は使われていなかったとして、関係者は復原された料理の飯を手づかみで食べている。｢天平のメニュー」の段階には箸が添えられているから、その後の研究の反映と思われる。しかし実際には箸はあった。

そして当時の食事作法から、少なくとも正餐では、箸でご飯を食べることはなかったと考えるのが正しい。唐代においてもご飯は手もしくは匙で食べていたからである。『魏志』倭人伝以下の「手食」を、ご飯を手づかみで食べると認識しているのであれば、それは誤りである。

そこで「手食」とは何なのかを理解するために、箸が考案された古代中国の箸事情をさぐってみることにしよう。

第3章　中国における箸の出現と普及

1　二本箸と折箸の出現

二本箸の出現

箸の源流が中国にあることは論をまたない。

箸は火箸のような食以外の用途をもつこともあるから、食の補助具と限定せず、2本一組で使われる箸状の道具をそれとするならば、現在最古とみなされている出土例は、河南省安陽市の侯家荘 1005 号墓に副葬されていた青銅製の箸であることを、箸の源流について精力的に研究を進めた太田昌子（2001）や中国において箸文化史の研究をリードしている劉雲（1996）らが指摘している。なお、中国では箸を「筷」や「筷子」ということが多いが、ここでは原文を引用する場合を除いて、箸に統一している。

侯家荘 1005 号墓は 1935～36 年に発掘調査されている。その内容ははっきりしていないが、幸い 1937 年に梁思永によって作成された「殷墟発掘展覧」の目録がある（梁 1959）。それによれば、箸は「四。飲食」の項にあり、6本が展示されている。箸の解説を読むと、青銅製の中柱旋龍盂2・単耳盂1・壺3・鏟3・箸6・漏勺1・円形器1、それに中柱盂形陶器や骨錐などが組み合わさって出土している。箸とヘラ状の鏟には長い柄が付けられていたようだが、大きさについては報告されていない。箸6本を2本一組と考えれば、盂3・壺3・鏟3・箸3となり、それぞれ各1の三組になる。そこから梁は「三組のはなはだ複雑な食具のようである」として、飲食具に分類している。しかしどのようにして飲食に用いたと考えたかわからない。殷は紀元前1300年頃から前1027年頃まで置かれた商王朝の最後の都だから、この箸もその間の時期のものになる。

商代の箸は、湖北省宜昌市長陽土家族自治県の香炉石遺跡からも出土している（王・張 1995）。香炉石遺跡はダム建設にともなって1988～89年に遺物包含層が発掘調査され、商代中晩期に相当する第5層と春秋時代（東周、紀元前771年～前403年）に相当する第3層から、大量の土器や石器・骨器などともに、骨製・象牙製の箸状製品が検出されている。

商代に属する第5層出土の箸は骨製だが、何の骨であるかはわかっていない。中心の点を円で囲む円文で飾られた、断面方形の首部が11.2 cm残存している（図8-1）。単体の、かつまた残片の出土であって、これだけで箸とするには疑問があるが、同じ形状で同様の円文で首部を飾る例が第3層から出土していて、箸と判断することを可能にしている。

第3層出土の箸は象牙製で、箸を握る部分を首部とすると、断面方形の首部は同心円化した円文で飾られ、足部に向かってやや細くなるとともに断面が円形になる（図8-2）。足部の先端を欠いていて、長さ17.4 cm分が残っている。本例は象牙箸の最古の例になる。商代と春秋時代の箸が類似した形態と文様をもつことから一方の混入が疑われかねないが、分厚い間層を挟んでいるので混入はないだろう。

象牙箸については、戦国時代の韓非（～紀元前233年）らの著作集である『韓非子』説林上篇に「昔者紂為象箸而箕子怖。以為象箸必不加于土鉶、必将犀玉之杯（後略）」、つまり商（殷）王朝最後の王である紂が象牙で箸を作らせたところ、後に箕子朝鮮を開いたといわれる箕子が、象牙の箸で食事をするような贅をこらすなら、羹（熱い汁物）も土器ではなくきっと犀角や玉で作られた杯に盛るようになるだろう、そうなれば何事にも贅を尽くすようになるだろうから、天下の財を尽くしても足りないような専横を行うようになるだろうと恐れ

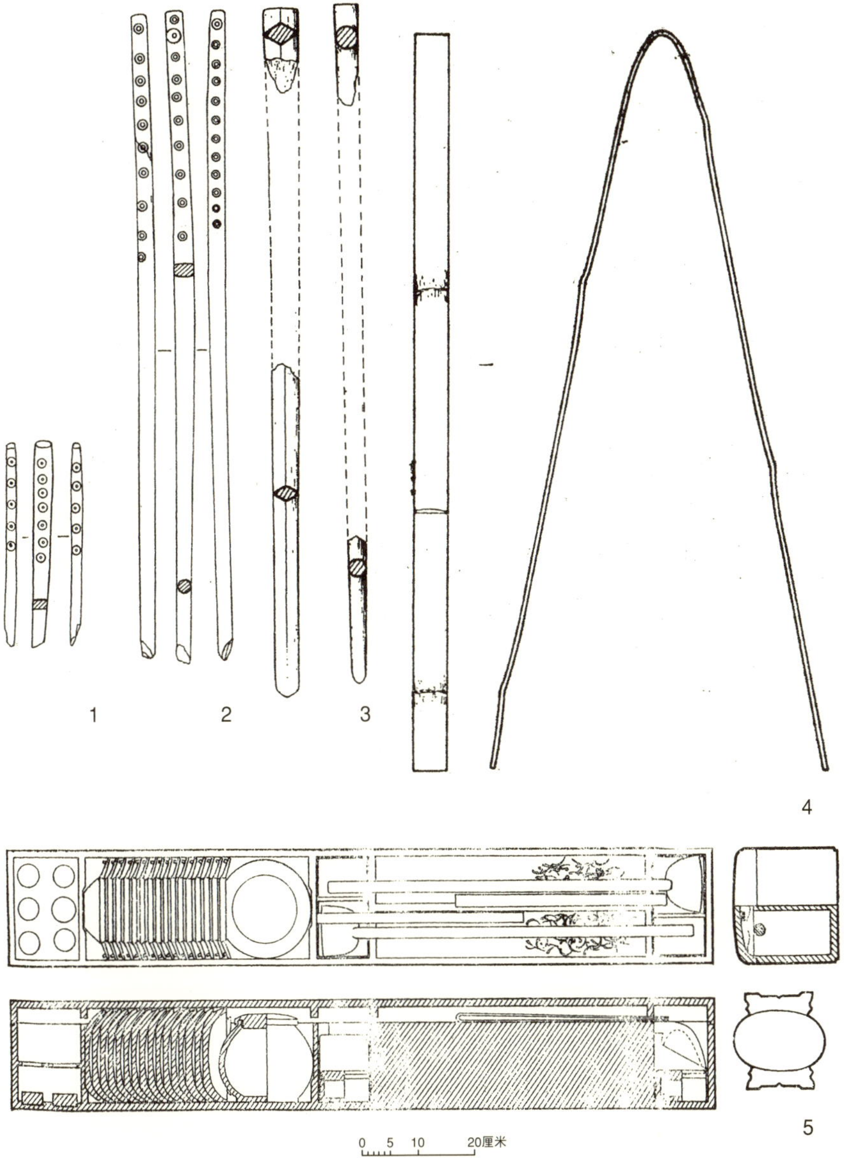

図8　商代・春秋時代の箸と酒具器

1・2：安徽省香炉石遺跡（1/2）　3：陝西省周原遺跡（1/2）　4・5：湖北省曾侯乙墓（4：1/4）

たという話がある。象牙箸を作ったことをもって紂王の専横非道化の予見を示すこの話は『韓非子』よりも古い『楚辞』や後の『史記』にもあり、広く流布していたとみられる。紂王が本当に象牙箸を作ったかどうかはわからないが、明らかに食事に用いる道具として語られていることに注目したい。しかも、『韓非子』をさかのぼる春秋時代の香炉石遺跡から象牙箸が出土していること、湖北省の長陽土家族自治県にある香炉石遺跡が都あるいは文化の中心地とは程遠い環境であることを考えれば、春秋時代には象牙箸が相当に普及していたことを示唆している。

春秋時代の二本箸はほかに安徽省貴池県徽家冲、山西省曲沃県曲村の両遺跡で出土している。このほかに、当初春秋時代中晩期とされた雲南省祥雲県大波那銅棺墓から銅箸 3 本の出土が知られている（張 1964）が、この調査者の時期観に太田昌子が異論を唱えている（太田 2001）。しかし異論を唱えるまでもなく、この時期観は同年のうちに前漢中期をさかのぼらないと訂正されている（熊・孫 1964）が、春秋時代の資料として考えられている傾向にある。

1977 年に長雨に洗われて春秋時代の青銅器が偶然出土したことを契機に、安徽省徽家冲遺跡の発掘調査が行われた（盧 1980）。遺跡は青銅器を埋納した土坑（窖蔵）で、大小の鼎をはじめ斧・鏟・鎒・蚌鎌・釣針・鋸などの生産工具、刀・剣・矛・戈などの武器、盤や杯などの生活用具など、多数が検出された。各種の青銅器の特徴から、春秋時代晩期から戦国時代初期にかけての、奴隷主階級の貴族が用いたものであろうと考えられている。

出土の銅箸は 2 本で一組になっており、細長方形、残長 20.3 cm、幅 4 mm と報告されているが、これを実際に検討した劉雲は、断面が扁方形で、やや太めに作られた首部から足部に向かってわずかに細くなるとし、1 本は現長 20.3 cm、断面 3×4 mm、首部幅 4 mm、足部幅 3 mm、もう一本は現長 19.7 cm、断面 3×3.5 mm、首部幅 3 mm、足部幅 2.5 mm と詳細に紹介している。盧が残長としていることと完存する他の諸例に比べてやや短いことを考慮すると、首部を欠いていると推測できる。盧茂村は本例を斧６、本来はスコップのような道具だが小形のためヘラのような使用法を考えうる鏟４、鎒４、手鎌のような用途をもつ蚌鐮４、釣針14、鋸２とともに、生産工具類に分類しているから、おそらくは火箸のような用途が考えられているのではと推測している。

山西省曲村の例は春秋時代晩期の東周墓に副葬されていた木製の箸で、木箸としては最古の出土例となる。青銅器や陶器（土器）とともに副葬されていたが、発掘調査によるものではないらしく、地元の農民から1994年に大連市の中国箸文化陳列館に譲られている（劉 1996）。10数本が出土しているが多くは折れていて、３本のみが原形を保っている。３本とも全長31.0 cmと長さは揃っているが、扁方形の首部はやや違いがあり、6×5.5 mm、6.5×5.5 mmほどになる。足部に向かってやや細くなるものの、足部で5.5〜5 mmほどだから、首部と足部の太さにほとんど差のない寸胴形をしている。箸の表面の削りが雑で、削刀の当りの痕の凹凸がはっきりとしている。色調は烏木（黒檀）に近いが、木質はそれよりも硬く、また重い。

折箸の出現

箸および箸と同じ意味をもつ筷・筯・筴……などの漢字には竹冠がつく。これからみると本来の箸、あるいは多くの箸は竹製であったと思われるが、現在のところ秦漢以前の遺跡から出土した２本で一組となる竹箸はない。

湖北省随州市城関鎮で発掘調査された曽侯乙墓は、春秋時代末期〜戦国時代初頭（紀元前443年か、ややその後）に築造された、時期を特定できる好例である（楼 1989）。中室を中心に鍾65・磬32・鼓４・瑟12・琴２・笙６・簫（排簫）２・篪２の８種125点におよぶ楽器、鍾・磬・鼓を打ち鳴らすための槌などの打撃奏具を加えると、総計1851点もの楽器類が出土したことで知られているが、ここから３本の竹筴が出土している。筴は箸のことだから、最古の竹箸の出土例であるとともに、扁平に削った竹をＵ字形に成形したピンセット状のいわゆる折箸の初例となる。折箸には日本起源説があり、大阪府豊中市島田遺跡で折箸を検出した鳥越憲三郎は、大宝令で大嘗祭が大儀として定められた701年に初めて作られたとして、日本での創案を考えている（鳥越 1980）。正倉院宝物に銀製1・銅製79の鉗（かなばさみ）とよばれる金属製の折箸がある。『法隆寺資財帳』などに「鈚鉗」と併記され、箸に相当すると考えられている（関根 1969）。正倉院の鉗がどこの製品であるかはわからないが、外国製であればもちろん、そうでなくとも折箸日本起源説は再考する必要がある。なお、鉗子という用語のピンセット状の医療器具が今もある。

曽侯乙墓の3本の箸のうちの1本は提げ重箱のような形態の食具箱の中に入れてあった。箱は片側に銅罐と銅勺、そしてその上に竹筴が置かれていた。もう半分は方筒形盒など盒部と抽斗状になる小箱部6個に分けられていて、下段の小箱から果皮が出ている。竹筴は幅1.8 cmの薄く仕上げられた竹材をU字形に折り曲げており、長さ29 cmをはかる。他の2本は、細長く長方形に作られた酒具箱の中に、漆塗りで仕上げられた方盒、円罐形盒、耳杯などの酒器とともに入れられていた。箱の中で酒器と骨化していたが酒の肴の鶏および鯽魚（鮒）がほぼ半分に入れられていて、竹筴2と杓2は酒肴の上に置かれていた（図8-4）。2本とも同じ大きさで、長さ38.6 cm、幅1.8 mmをはかる（図8-3）。

これらから、食具箱・酒具箱はともに狩猟や野遊びなどの野宴に携帯されたもので食具であることは疑いない。しかし長さが29～38.6 cmにも及ぶピンセット状の竹筴で酒の肴や果物を挟んで口に運ぶのは無理があり、今でも中国の市場に行くと見られるように、食材を挟む道具であろう。筴と杓が二組セットになっている点が気になるものの、食事用というよりも、酒肴を取り皿である耳杯に盛り付けるための給仕用と考えられる。

食事用の箸の出現

中国の遺跡で出土した初期の箸を点検すると、春秋時代末期から戦国時代初頭にかけての時期に、確実に二本箸と折箸の双方がともに出現していることを確認できる。しかし、10数本まとまって出土した山西省曲村遺跡の木製の箸にしても、食具箱・酒具箱から食べ物とともに出土した湖北省曽侯乙墓の竹筴にしても、それが食べ物を食事・咀嚼のために人の口まで運ぶ食具であるということを出土の状況から証明できるにはいたっておらず、その証明は典籍に期待せざるを得ない。幸い『箸の源流を探る』(太田 2001)、『箸』(向井・橋本 2001)で詳しく検討されているので、その成果に学ぶことにする。

先に湖北省香炉石遺跡出土の春秋時代の象牙箸を紹介した際に、戦国時代末期の紀元前233年に没した韓非らの著作集『韓非子』説林上篇や、それよりも古い戦国時代中期の紀元前340〜前278年に生きた屈原の『楚辞』などの、食事用に象牙箸を作らせたことで殷の紂王の専横を予見した「紂為象箸」の故事を紹介したが、この故事から戦国時代には日常の食事に二本箸がかなり使われるようになっていたことがうかがわれる。もうすこし典籍をみておこう。

弟子入りした書生の修行に際しての規律が書かれている『管子』弟子職篇に、「先生有命、弟子乃食。歯以相要、座必盡席。飯必捧擥、羹不以手。」という部分がある。先生から食事をするように言われたら、長幼の順に席に座るが、その際席には前の方に寄って座る。飯は必ず手で捧げて持って指でつまんで食べ、熱い汁物である羹の具は箸・匙を使ってつまみ指で食べてはいけないという。同じことは『礼記』曲礼篇にも記されており、「凡進食之礼、左肴右胾、食居人之左、羹居人之右」「羹之有菜者用梜、其无菜者不用梜」とある。当時の飲食には配膳についても厳格な礼儀作法が定められていて、主食の飯は人の左、羹などの副食は人の右に置かれていたことがわかる。羹を食べる時には梜(箸)を使うのだが、汁物の中に菜（具）があったらそれを箸でつまみ、なかったら箸を使わずにすするようにというのだから、箸はおかず（副食）を挟んでつかみ食べるための道具として使われている。

曲礼篇には「飯黍毋以箸」ともある。これは飯や黍を食べる時に箸を使ってはいけないというのだから、飯や黍は手でつまんで食べていたことになる。

ジャポニカ種の米は粘り気があるから、手でつまむと、指先や掌が米粒だらけになりかねない。いま中国を旅すると、ジャポニカ種の米であるにもかかわらず、パサパサした飯を食べることになる。これは火を点けると炊き上がるまで蓋を取らない日本の炊き方と異なって、煮沸の途中で糊成分の煮詰まった汁を捨て、新たな熱湯を加えながら炊く、湯取り法という炊き方に原因がある。それでも手にくっつくことがあるが、かなり粘り気が失われている。湯取り法は、おそらくは米の飯を手でつまんで食べていた時期の、米粒を手にくっつけないための炊き方の知恵であろう。そこで曲礼篇は「貴者匕之便也」、貴い者は飯や黍を食べる時に匕（匙）を使っても仕方がない、つまり日常生活では飯や黍は匙を使って食べてもいいが、正式の席では手で食べなさいと言外に説いている。なお、戦国時代には匜という青銅器が洗面器状の盤と組み合わされて、汚れた指先を洗うために食卓に用意されていた。

前漢の宣帝のころに戴聖が集録した『礼記』のように、前漢に入ってからの完成が考えられる典籍もあるが、紹介した内容からみて、戦国時代には日常の食事において相当に箸が使用されていたことが示されていると考えてよかろう。

2　食事用箸の定着と普及

馬王堆１号漢墓の箸

典籍の叙述は食事の道具としての箸の役割を明確に示しているが、実際に遺跡から出土する箸には食事用具としての用途を明示するものがある。その代表的な例として、湖南省長沙市五里牌の馬王堆１号漢墓から出土した箸がある（湖南 1973）。

今は周囲に家が建ちこんできたが、かつて五里牌の原野に2基の円墳が並び立ち、遠望できていた。1972年に発掘調査され、西側の2号墳は副葬品の時期観や「利蒼」玉印、「軑侯家丞」「長沙丞相」銅印の出土などから、長沙国の丞相で前漢恵帝2（紀元前193）年に軑国700戸の侯となった利蒼の墓であることが明らかとなった。東側の1号墳は、「軑侯家丞」封泥が多く出ることや、50歳ほどの女性の屍体があったことなどから、利蒼夫人であると考えられている。この1号墳に覆われる形で3号墳が1973年に検出されている。『老子』『戦国策』『左伝』などの帛書をはじめ多くの文字資料を出土したこの墓からは男性人骨が出ているので、利蒼の息子で早く亡くなった第2代軑侯利豨の兄弟にあたる人物のものであろう。墓室に収められていた木牘に「十二年二月乙巳朔戊辰家丞奮移主葬」云々とあることから、前漢文帝の12年、すなわち紀元前168年に埋葬されていることがわかる。1号墳は直後にこれを覆って造られているから、利蒼夫人の没年は紀元前168年の数年後の、前漢早期のことと考えられる。

竹箸が出土した1号墳は直径40 m、高さ16 mほどの円墳で、墳頂から深く掘り下げられた墓壙に置かれた二重の木槨とその内部の四重に造られた木棺の中に、20枚ほどの衣服に包まれて夫人の遺体は眠っていた。地中深くに密閉状態で埋葬されていたことが功を奏して、遺体は弾力性をもち、内臓まで残るほど保存状態が良かった。このことと、棺上に置かれた龍に守られながら昇仙する夫人を描いた彩絵帛画が、1号墳を著名にしている。

1号墳の槨内には棺室の四周に1000件を超える副葬品を満載した辺箱があった。夫人の遺体の残りの良さから理解できるように、副葬品の残りも良かったが、頭部の北辺箱に夫人の生前の日常生活を思わせる品々が収められていた。そこにあった漆塗りの案の上に、食べ物が盛られた漆塗りされた小盤5、耳杯1、酒卮2が並べられていて、耳杯に一組の竹箸が置かれていた（図9-1）。写真でみると、箸もまた朱漆が塗られていたと思われる（図9-2）。報告書では、箸の長さを17 cmとし、断面が扁平で、木質が軟らかいために実用品ではなく、

1：北辺箱に収められた案と箸・容器の出土状況

2：復原された食具の組み合わせ

図 9　湖南省長沙馬王堆 1 号漢墓の食具

明器であろうとしている。しかし劉雲は長さ24.6 cm、幅3～2 mmで、首部から足部にかけて厚みに大小があり、断面が扁方形であるとしている。箸と案の大きさを比較すると、箸の寸法は劉の指摘する通りであろう。また長い期間水漬けの状態にあった竹箸が軟らかになるのは当然で、形状や大きさからみても、しいて明器と考える必要はない。ともあれ、箸を含む案上のセットによって軑侯夫人ら貴族の食生活を垣間見ることができ、明器であるか否かは別にして、食事用に実用された箸の機能を確認することができる好資料である。

金雀山漢墓の箸

1983年に山東省臨沂市で南壜百貨ビルの建設にともない発掘調査された金雀山遺跡では9基の漢墓が検出されている（馮 1979）が、31号漢墓と32号漢墓から竹製の箸が出土している。両墓とも長方形竪穴に掘られた墓壙に1槨1棺が埋置された木槨墓で、墓室は棺室と副葬品を収める側室（辺廂）からなっている。31号墓の辺廂には、中央に陶罐・陶鼎・陶壺などの陶器（土器）類や六博局盤などの木器類が副葬され、その両側、つまり辺廂の両端に各種の食べ物を収めた竹笥が置かれていた。竹笥はわずかの残骸を止めるにすぎなかったが、中から盤・盒・耳杯・鉄勺とともに漆塗りされた竹箸一束が出土している。食べ物および食具とともに出土していることから、この箸は食事に用いられたと判断できる。32号墓の辺廂からも、中央部にあった銅製博山炉や漆盤とともに竹箸一束が出土している。両墓出土の竹箸は合わせて報告されていて、全体を黒漆で塗り、両端を朱漆で仕上げたもので、長さ22 cm、直径5 mmほどのものが約40本あった。31号墓は戦国時代末期から前漢早期、32号墓は前漢中～晩期に位置付けられている。

湖北省出土の箸と箸立ての資料

1992年に発掘調査された湖北省荊州市沙市区の蕭家草葉26号漢墓は棺材が

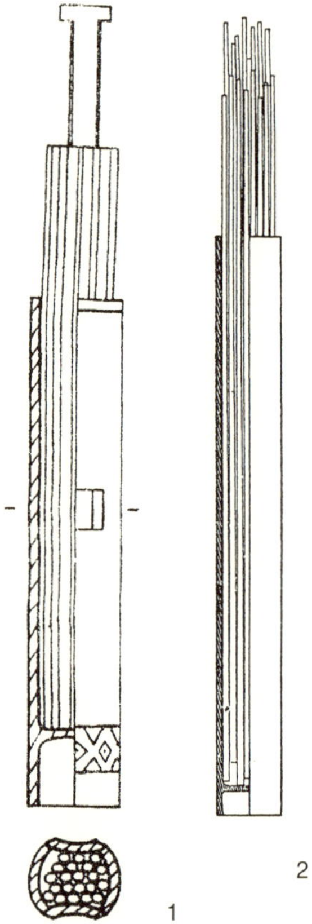

図 10　箸立てに入れられた箸（1/3）
1：湖北省蕭家草葉 26 号漢墓
2：湖北省大墳頭 1 号漢墓

完存する木槨墓で、槨内は棺室と副葬品を収める頭箱・辺箱に三分されていた（彭 1999）。副葬品には円盒・大橢円奩・盂・耳杯などの鮮やかな彩色と文様のみられる漆器類をはじめ木器や青銅器などがある。箸は辺箱から竹筒に収められた状態で出土している（図 10-1）。筷籠すなわち箸入れ籠とされる竹筒は、片方の竹の節を残して底部とし、上端部は壁に掛けられるように T 字形状に削っている。表面に黒漆を塗り、口部と底部に黄金色の線で縁取りをして飾っている。ことに底部のそれは線の間に幾何学文を配している。また筒の内部も草花文で飾っている。中に収められていた箸は竹製で、長さ 22.5 cm、直径 3～4 mm のものが 21 本ある。報告には書かれていないが、首部と足部の太さが変わらない寸胴形で、断面が円形の箸と思われる。この竹筒は、食事後に洗った箸を厨房の壁や柱などに掛けた竹筒に挿し込んでまとめて保管するもので、私の青年時代まではどこの家庭でも見られた光景であったし、もちろん中国にも同じ光景があった。墓室の構造や副葬品の型式などから、馬王堆 1 号漢墓とほぼ同時期の、前漢早期と考えられている。

同様の資料は、1972 年に発掘された湖北省雲夢県大墳頭 1 号漢墓でも知られている。これもまた完存する木槨墓で、頭箱と辺箱に完璧な保存状態の円盒・盂・盤・壺などの漆器や彩絵六博局盤などの木器、それに陶器（土器）・青銅器などが豊富に副葬されていた（陳 1981）。箸は辺箱出土の竹籫に収められていた。竹の節の一方を底部に利用した簡単な竹筒だが、口部は長方形に作られていた。簀は竹製の箸立ての意味をもつが、確かに中に 16 本の細長い竹箸が収められていた（図 10-2）。長さ 24 cm、断面は円形で、直径 3〜2 mm の、首部から足部にかけてやや細くなる円柱形をしている。この漢墓は 1975 年に発掘調査された秦始皇帝 30（紀元前 217）年築造の雲夢県睡虎地 11 号漢墓（陳編 1981）などとの比較から、前漢早期の墓と考えられており、箸もその時期の所産になる。

蕭家草葉 26 号漢墓と大墳頭 1 号漢墓で出土した筷籠・竹簀が箸立てであり、そこに収められていた細長い竹棒が箸であることは、湖北省江陵市鳳凰山遺跡の出土資料によって証明される。遺跡は楚の故都紀南城内にある戦国時代末期から前漢にかけての墓葬密集区にあるが、1973 年に発掘調査された 8 号・10 号漢墓（長江 1974）および 1975 年に調査された 167 号漢墓（鳳凰山 1976）・168 号漢墓（紀南城 1975）から出土している。多くは長方形竪穴墓壙に 1 槨 1 棺が埋置された木槨墓で、墓室は棺室と頭箱・辺箱で構成されている。この遺跡では副葬品の内容を書いた木簡や副葬品の目録にあたる木牘が出土していて出土遺物と対照でき、用途を具体的に把握できる素晴らしさがある。ことに、他と異なり 1 槨二重棺の 168 号墓からは馬王堆 1 号漢墓の女屍のように保存状態の良い男屍が残っていたが、出土した木牘に前漢の県令の九級爵に相当する「五大夫」、さらに前漢文帝初元 13（紀元前 167）年にあたる「十三年五月庚辰」云々とあることから、この墓地群が前漢早期の県令級のものであることがわかっている。

具体的にみてみよう。まず、8 号漢墓には竹箸 1 本を収めた箸立てが副葬されていたが、別に出土した木簡の「箸々筩一」と対応する。これと同様の箸立てと箸および木簡が 167 号漢墓からも出土している。木簡の一つ（遺冊六五）に「朼箸筩一［枚］」と墨書されていたが、それに対応して五装漆匕 1 と竹箸 21 本が出土している。24.5 cm の長さに揃えられた竹箸は形状や大きさが大墳頭一号漢墓のそれと同じとされている。墨書の「朼」は「枇」、すなわち匙であり、「筩」は竹の筒で、箸筩は箸立てをさす。したがって「朼箸筩」は匙と箸を入れる箸立てを意味する。箸と匙がセットになる出土例は少なく、食文化を考える好資料といえる。168号漢墓から出土した正面に赤色と黒色で幾何文を描いた彩絵箸立てには、側面に「枇篣」と墨書されていた。「篣」の意味がわからないが、形状と167号漢墓の比較から、箸立てであることは疑いない。長さ24.5 cm、直径5～3 mmで、足部がやや細くなる竹箸が10本出土している。10号漢墓からは箸は出土していないが、木牘に「圃一」と墨書したものがあり、実際に箸立てと思われる竹筒が出土していることから、圃は箸筩を意味すると考えてよい。

このように鳳凰山漢墓の資料によって、蕭家草葉26号漢墓や大墳頭1号漢墓からの出土例を含め、これらの竹筒あるいは箸筒などの容器が実際に箸立てであること、そして箸あるいは箸と匙がセットで収められていることから、食事に箸あるいは箸・匙を用いた後に洗って箸立てに収めて繰り返し使っていた様子がうかがえ、少なくとも支配者層には箸食が相当に普及していたことが示されている。さらに、前漢末期に楊雄が編纂した『方言』に各地方の言葉が収録されているが、箸と匕を入れる箸筩について「箸筩陳楚宋魏之間謂筲或謂籝、自関而西謂之桶檧」というと紹介されている。黄河流域に沿った中原の陳・宋・魏およびその南の楚では筲あるいは籝、函谷関より西では桶あるいは檧ということが紹介されている。これにしたがえば、支配層のみならず庶民にいたる箸食の普及がうかがえる。

竹箸と木箸

前漢の遺跡から出土した竹箸を紹介してきた。箸には梜という木偏の文字もあるし、春秋時代の山西省曲村遺跡からすでに出土しているので、前漢には出土例を欠くものの木箸の存在も考えられる。実際、『荀子』解蔽篇に「従山上望木者、十仞之木若箸、而求箸者不上折也、高蔽其長也」、つまり山の下から山上の木を仰ぎ見ると、十仞もの高い木も箸のように短く見えるが、しかし箸を求める者であっても誰も登っていってそれを折ろうとはしないのは、山の高さが木の長さをわかりにくくしているからであると、物事の実態を確認しないで是非を決めることの危うさを高い山の上にあるため短く見える木と箸を比較して指摘している個所がある。荀子は戦国時代末期の人だから、これからみると前漢以前から実際には木箸もかなり普及していたと思われる。

銅箸と銀箸

後漢の出土箸の多くは銅箸になる。その銅箸は１例にすぎないが前漢にもある。雲南省祥雲県大波那村で、長方形竪穴の墓壙に切妻の屋根をもつ４間×2間の高床建物を象った銅棺が収められた木槨墓が発掘調査されていて、青銅製の剣・矛・鉞などの武器類、犂頭（鋤）や鏟などの農具類、鼓・葫蘆笙・鍾などの楽器類、家屋や馬・牛・羊・豚などの模型、そして尊・豆・杯・杓・釜・匕などの生活用具とともに出土した銅箸３本が注目される（熊・孫 1964）。いずれも円柱状に作られた首部にくらべて足部がやや先細になる箸で、２本一組となる例は長さ 28 cm、首部の直径４mm、対の１本を失っている例は長さ 24 cm をはかる。前漢中期と考えられている。

河北省保定市満城陵山の尾根上にある満城１号漢墓は、元鼎４（紀元前 113）年に没した、景帝劉啓の子で武帝劉徹の庶兄にあたる中山靖王劉勝の墓として知られ、隣接する夫人の竇綰が眠る２号漢墓とともに 1968 年に発掘調査されている。文化大革命の最中だったために公表が遅れたが、1967 年以来休刊していた考古学専門雑誌『考古』が復刊するにあたり、その第１号である 1972 年１期に収録された記念碑的な遺跡でもある。

盗掘を受けていなかった１号漢墓からは、金縷玉衣や鎏金「長信宮」銅灯火などの数々の豪華な副葬品が出土しているが、ここから銀箸形器と名付けられた銀器が３点出土している。首部を方柱状に作り、螺旋状にひねられたやや膨

1：河北省満城漢墓の銀箸（実大）

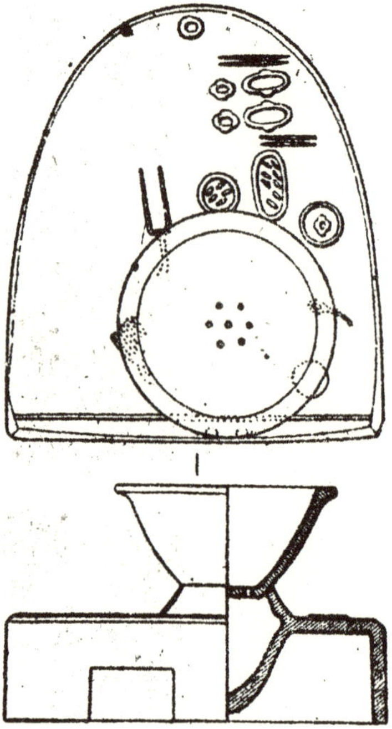

2：甘粛省大河荘 6 号漢墓の陶灶（1/4）

図 11　銀箸と陶灶

らみをもつ握り部、そして足部は円柱状になるが、全体としては寸胴形に近い。首部には孔が穿たれている。長さ 11.6 cm、直径 4.5 mm で、形状から箸の可能性が指摘されている（図 11-1、盧 1980）。折れているとは書かれておらず、図版をみても完存していると思われるから、明器的な用途の箸であろう。

前漢の箸の特徴

以上紹介してきたように、前漢の食事用に用いたことが確実な箸の長さは 22～28 cm の範囲にあるが、ほとんどが 24.5 cm 前後で揃うことが注目できる。

また、商代〜春秋時代以来の扁方形のものもあるが、断面円形のものに形態的に統一されてくる。出土地も竹器・木器の保存環境が優れている湖北省ばかりでなく、山東・河北・湖南・雲南の各省に広がっている。これに、陶製の灶（竈）の上面に盤・耳杯・叉（フォーク）・匕（匙）などとともに箸の形状を刻んだ前漢晩期の甘粛省臨夏市大河荘6号漢墓（図11-2、鄭 1961）や、塼で作られた灶の上に実際に火箸と考えられる鉄箸2本が置かれていた河南省洛陽市焼溝村の卜千秋墓（黄 1977）を加えると、山東・河北・河南・湖南・湖北・雲南・甘粛といっそうの地域的広がりがみられるようになる。

3　箸の性格と用途

後漢の箸の考古資料

王莽新〜後漢になると箸の使用はいっそう普及する。

新疆ウイグル自治区民豊県の尼雅（ニヤ）遺跡で、漢代精絶国の貴族の住居と考えられる遺跡が1959年に発掘調査されている（佟 1991）。その厨房あるいは食事用具の置き場とみられる1室から、麦・青稞・黍（糜穀）・干蕪（干蔓蕪）・干羊肉・干羊蹄などの食料品、鍋や桶などを洗う葦製のササラ（炊箒）や鍋敷きと思われる羅圏、それに羊肉などをぶつ切りにするのに用いたらしい鉄斧などとともに、木箸と木匕（木匙）が検出されている。報告に添えられた写真に木箸2本がある。長さなどの寸法はわからないが、太い首部から足部に向かってかなり細くなる先細の箸である。

後漢代の遺跡から出土する木箸は今のところ尼雅遺跡例しかないが、後漢の領域のもっとも西から出土した資料となる。他に、河南省洛陽市澗西七里河後漢墓など表1に示した墓から出土しているが、副葬の状態から箸の用途を推測できる例がある。

表1 新莽・後漢の箸出土遺跡

遺跡名	材質	個数	長 cm	幅 mm	出典
河南省洛陽市澗西七里河後漢墓	陶製	1組	16	5	余 1975
陝西省興平県西呉郷咸陽織布廠 11 号新莽墓	陶製	1組	(11)	6	孫・賀 1995
陝西省神木県大保当 96 年 4 号後漢墓	骨製	1組	18	5	王 2001
陝西省神木県大保当 98 年 2 号後漢墓	骨製	1組	(12.6)	6	王 2001
湖南省長沙市仰天湖 8 号後漢墓	銅製	1組	35.2	6〜5	劉 1996
湖南省長沙市東屯渡後漢墓	銅製	1組	22.1	4.5	劉 1996
湖南省益陽市羊舞嶺 1 号後漢墓	銅製	1本	(16)	3	盛 1984
湖南省湘郷県紅崙上韻湘 92 号新莽墓	鉄製	1組	23	5	劉 1978
			20	3	
広東省広州市先烈路沙河頂広州 5054 号後漢墓	銅製	2組	25	—	朱 1981
広東省広州市先烈路黄花崗広州 5064 号後漢墓	銅製	1組	25	6	朱 1981
広東省韶関市郊 8 号後漢墓	銅製	1組	—	—	楊 1961
雲南省昭通市桂家院子 1 号後漢墓	銅製	2組	19.6	—	雲南 1962
			22.7	—	
雲南省大関県漁堡後漢崖墓	銅製	1組	20.3	3.2〜2	劉 1996
雲南省大関県岔河 1 号後漢墓	銀製	1組	20	3	張 1965
四川省綿陽市何家山 2 号後漢崖墓	銅製	3組	22	—	何 1991
四川省大邑県鳳凰郷後漢墓	銅製	4組	22.7	4〜1.5	劉 1996
甘粛省酒泉市下河清 18 号後漢墓	銅製	1組	17	—	甘粛 1959
新疆ウイグル自治区民豊県尼雅遺跡住居跡	木製	1組	—	—	佟 1991

1972 年に発掘調査された洛陽市七里河後漢墓は前室・後室（棺室）・北耳室などからなる塼室墓で、出土遺物の型式や五銖銭の特徴などから後漢晩期に分類されている（余 1975）。副葬品が収められた前室には床よりも 5 cm ほど高い塼製の台部が作られていて、その上に人間や動物がさまざまな姿態をとる十三支灯、6 人の楽器奏者や七盤舞を踊ったり逆立ちや滑稽なしぐさをする人物などの陶製の百戯俑などがあり、その西側に長方形の陶案があった。案の上には耳杯 6 個、周りには魁 2 個と円盤・耳杯各 1 個、それに羊の頭などがあり、座る位置からすると手前側に銅箸一組と銅刀 1 口があった（図 12-1）。箸は現在の日本の箸の置き方と同様に、身体に対して平行に置かれていた。首部を朱で塗られた箸は長さ 16 cm、直径 5 mm と短い。出土資料一覧表に「筷」とのみ記された箸は、材質を示さないものは陶製であるという注記からみて、陶製であろう。

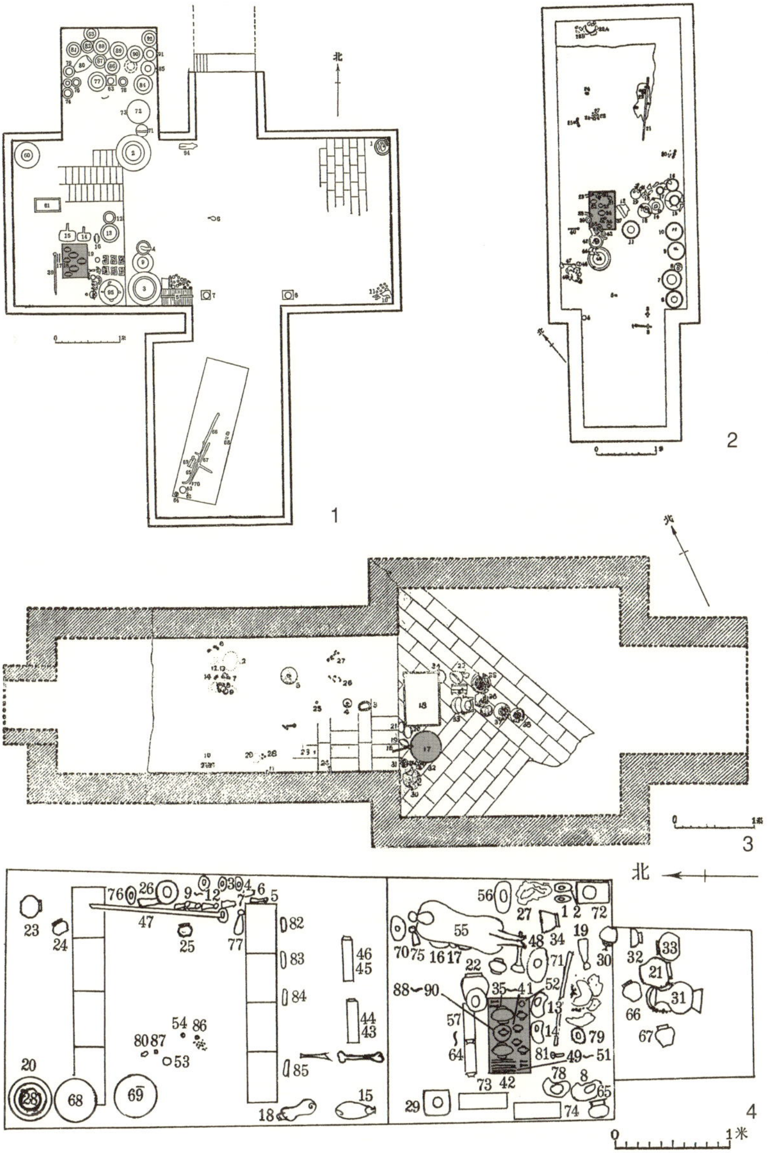

図12　後漢墓に副葬された案と箸・耳杯

1：河南省七里河後漢墓　2：雲南省桂家院子1号後漢墓
3：広東省広州5054号後漢墓　4：四川省何家山2号後漢崖墓

広州市には広州漢墓とよばれる漢墓群があるが、1960年に発掘調査された夫婦合葬の広州5054号塼室墓から銅箸が出土している（麦 1961、朱 1981）。墓室は副葬品を置いた前室と棺室である後室からなるが、後室への入口部分に長方形、その両側に円形の三つの銅製案があった。銅箸は円案の上に耳杯とともに置かれていたが、ことに北側のそれは植樹の際に取り上げられていて、原状がわからない。南側の円案に一端をもたせかけたような状態で出土した例（図12-3）は、円柱形で現代の箸と変わらないとされているから、寸胴形であろう。かなり腐食しているが、長さ25 cmをはかる。5064号塼室墓からも銅箸一組が出土しているが、撹乱のため、出土状態はわからない。長さ25 cm、直径6 mmをはかる。いずれも後漢晩期の墓である。このほか、東山三育路にある同時期の広州5032号後漢墓の墓室平面図をみると、陶案の上に陶小盒6個とともに箸一組が置かれているようだが、報告にはない。

昭通市は貴州省と四川省に食い込むように延びる雲南省東北部にあるが、ここにある円墳群のうちの1基（桂家院子1号墓）を1960年に発掘調査したところ、塼築の長方形単室が2つあり、その1号室から銅箸が検出されている（雲南 1962）。1号室は夫婦合葬で、奥側に夫婦の朱塗り木棺の残片があった。棺の手前に、双耳壺・双耳釜・鳳凰形盉・釜甑など多数の青銅器や陶器（土器）などの副葬品が多数置かれていたが、ことに銅銭や人物・龍などを樹枝状にあしらった銅製揺銭樹は珍しい。銅器の中に長さ42.7 cm、幅64.1 cm、高さ14 cmの銅案があり、その上に銅製の耳杯7・椀1・箸二組があった（図12-2）。耳杯の一つには鶏骨、他の一つには魚骨が盛られていた。案の上に置かれた栗の実もあった。箸は広州5054号後漢墓と同様に案に一端をもたせかけるようにして置かれていた。一組の箸は首部を方形に作り、足部にかけて円形にしている。長さ19.6 cm。他の一組は円柱状（寸胴形）で、長さ22.7 cmをはかる。生活用具や飲食用具などの遺物は漢族のものと変わるところがなく、漢族や地方の大豪族と密接な関係をもつ一族であろうと推測されている。

綿陽市何家山で1990年に発掘調査された後漢晩期の2号漢墓も、墓室の奥に塼を積んだ棺台が2ヵ所作られた、夫婦合葬墓である（何 1991）。そのため銅器や陶器などからなる副葬品は手前に置かれている。長さ115 cm、高さ134 cmの大形の銅馬や銅揺銭樹が目立つが、副葬品群のほぼ中央に長さ41 cm、幅61 cm、高さ14 cmの、蹄脚の足をもつ銅案があり、案の上に銅製の耳杯7・盤2・箸三組が並べられている（図12-4）。案の前側に盤を重ね、その両側に大形の耳杯、右端に箸三組、後列に小形の耳杯5個が配されていた。箸の長さは22 cmをはかる。奏楽俑や舞踏俑をもつ点は洛陽七里河後漢墓、動物俑や家屋の模型、それに揺銭樹をもつ点では昭通桂家院子1号墓に通じている。

1996・98年に発掘調査された陝西省神木県大保当漢墓群では、後漢では珍しい骨箸が検出されている（王 2001）。96年4号後漢墓は墓門を画像石で飾る塼室墓で、すでに盗掘を受けていたが、奥室に1棺、前室に2棺あった。前室の北西側にある2号木棺の近くで、漆塗りの机の上に骨箸一対と骨鏟形器（骨匙）1、骨刷1、五銖銭5枚が置かれていた。骨箸は円柱状の寸胴箸で、滑らかに磨かれているが、文様はない。18 cmの長さで、太さは0.5 cmをはかる。骨匙は16.6 cmあり、ひょうたんのように抉れた匙面に柄が付いている。98年2号後漢墓も画像石で墓門を飾る塼室墓で、出土状態や他の副葬品との関係がわからないが、骨箸一対が出土している。2本が6片に折れているが、長さ12.6 cm、太さ0.6 cmほどの寸胴箸になる。2号墓からも骨匙が出ている。長さ22.2 cmのもので、把頭部に龍の頭部を彫っている。巻き込む角と斜めに見上げるような凸状の目、髭などが特徴的な匙である。両墓ともに170年前後の、大保当に遺構の残る漢城にいた官吏または富商の墓葬とみられている。

画像資料にみる厨房の光景

後漢墓に副葬された案・耳杯そして箸がどのように使われていたかは、支配者層の食生活を画像として表現した、壁画墓や画像石・塼墓からうかがえる。

図 13　厨房の光景

それらから彼らの厨房や宴会の様子を覗いてみることにしよう（田中 1985、渡部 1991）。

四川省成都市で採集された画像塼（図 13）は典型的な庖厨図として知られている（龔・龔・載 1998）。上段の屋根の下、壁側にある肉架に干魚 4 尾と鶴か鷺のような首の長い鳥が 2 羽鉤で吊るされている。中段の右手には、他の例からみて羊と思われる動物が杖をついた老人に引かれてきているが、この羊は解体される運命にある。左手には、脚付きの俎板の前に正座した調理人がいて、魚をさばいている。魚は後ろの肉架に吊り下げられていた干魚だろうか。下段の右側では、台を挟んで立つ２人が中央の穴に据えられた底の尖った甕状の容器の中を押しているが、これは酒を濾しているところで、台の下に置かれた容器に溜めている。中央には鉢状の容器の中で料理の素材を下拵えしている人物がいる。そのすぐ左に犬が座っているが、犬を調理する図も多いから、この犬も調理人の愛犬ではなく、食材であろう。左側には、竈に甑と釜が置かれ、ご飯が蒸されている。竈の火口の前では正座した人物が火吹き具で焚木に風を送って火をおこしているが、火吹き竹で風を送るのは私の少年時代は子供の仕事だった。

この構図は四川省から遠く離れた山東省の嘉祥県蔡氏園・肥城県・微山県微山島溝南村などで出土した画像石などでもみられることから、厨房の実景描写というよりも、何らかの故事説話を図像化したものであろう。しかし庖厨図中もっとも多人数の使用人が忙しく立ち働く山東省諸城県前涼台の孫琮墓の画像石にみられる厨房（蒋・呉・関 1982）も基本は同じであり、後漢代の支配者層の厨房を彷彿とさせている。

河南省新密市打虎亭村の２基の円墳からなる打虎亭漢墓は、日本の前方後円墳の祖形ではないかと一時注目を集めたことがある。1960年に発掘調査され、西の１号画像石墓が後漢晩期に弘農太守であった張徳（字は伯雅）、２号壁画墓はその夫人の墓であることが明らかとなった（楼 1993）。両墓ともに画像資料の宝庫だが、上級官人層の厨房を描いた傑作でもある。

１号墓は墓室を塼で築造し、その内壁を覆う石板に画像を彫りこんでいる。棺を置く後室（主室）の他に前室、中室、東・南・北の３耳室からなる規模の大きな墓室で、地上の大邸宅を地下に再現している。東耳室は入口を除いた東・南・北の３壁に厨房の様子が石刻されている。まず西壁には食具置き場が描かれていて、右下に置かれた屈曲するアーチ形の脚をもつ机（テーブル）の上に置かれた盤に箸が載せられている。南壁と北壁には多数の男女が忙しく働く厨房が再現されている。北壁東幅は調理場の光景だが、上部中央に屋根形の厨櫃

図 14 河南省打虎亭 1 号漢墓の画像石にみえる厨房の忙しさ

(食器棚) があり、その前に座る人物が案の上に置かれた耳杯とみられる器に出来あがったご馳走を箸で盛り付けている (図 14)。その左側には蓆が敷かれ、ここでも 2 人の女性が器に盛り付けているが、左の女性の手に箸が握られている。北壁西幅では、上方に細長い机が置かれ、右から 2 人目の女性が箸で、3 人目の女性は勺で、食器にご馳走を取り分けている。下方には蓆が敷かれ、ここでも食べ物が食器に盛られているが、左から 3 人目の座った女性が箸で取り分けている。

三方の壁が厨房の画像で埋まる打虎亭 1 号漢墓 (弘農太守張徳墓) 東耳室は地上の邸宅の厨房の再現であり、現代の菜箸と同様に、箸が調理そして配膳の道具として活用されていたことを示している。

食事に用いられる箸

張徳夫人が葬られた打虎亭 2 号漢墓は華やかな色彩で描かれた壁画墓だが、四合院様式の邸宅でいえば中庭にあたる中室東段、主室 (棺室) と北耳室への入口が並ぶ北壁の上部に横幅 7.34 m もある宴飲図が描かれている。左端に墓主と思われる人物がおり、その右に宴席が上下 2 列並んでいる。宴席の間では楽器を奏でる楽人や舞い踊ったり雑技をしている芸人が、それぞれに持ち芸を披露している。宴席に座る客の前には朱漆塗りの円形の案 (盤) が置かれている。正報告書には書かれていないが、概報に「席前絵有杯盤碗箸之属」とある

図 15　打虎亭 2 号漢墓の壁画にみえる宴席の案の上の箸と耳杯

(安・王 1972)。壁画の保存状態があまり良くなく、案の状態がよくわからないが、幸い表紙を飾っている宴席図の中ほどの部分で箸を確認できる。

ラッパ状の吹奏楽器を吹く人物と長い柄で床に置かれた太鼓を叩く人物、宴席でそれを楽しむ 3 人の客の間に、外面を黒漆、内面を朱漆で塗られた案や盤があるが、その一つの中には耳杯が 5 個ほど置かれ、縁にもたせかけるようにされた朱塗りの箸がみえる（図 15)。案に大小はあるが 1 人 1 膳で置かれており、箸が調理用でもなく、給仕用でもなく、個人用の食具として使用されていることをうかがわせている。

同じような宴飲図は、内蒙古自治区和林格爾県の新店子 1 号後漢墓の中室北壁に描かれた楽舞百戯図にもある。図の残りは良くないが、6 人の人物の前に置かれた案に耳杯が載せられ、やはり箸がもたせかけられている（内蒙古 1978)。この墓には、北耳室東壁にも宴会の食べ物をこしらえる場面があり、ここでは箸は調理に使われている。この墓は郡太守に匹敵する使持節護烏桓校尉を務めた高級官僚のものだから、その宴席も壁画にあるように豪華なものであったろう。

遼寧省遼陽市は前漢代に遼東郡治が置かれた襄平県の故地であり、前漢によって蕃国の王の死に対して与えられる葬具の下賜を受けた福岡県三雲南小路墳丘墓や倭の諸国からの使いが「以歳時来献見」したと伝える『漢書』地理志の記事からうかがえるような関係からすれば、倭からの使節が通過したに違いない要衝である（高倉 2008）。この遼陽市で 1956 年に発掘調査された棒台子 2 号壁画墓にも食の光景がある（王増新 1960）。

棒台子 2 号墓は後漢と魏が交替するころに築造された石槨墓で、墓室内には 2 棺一組になる棺室が 2 室あり、合わせて 4 棺が東西に並べてあったが、遺存していた人骨から判断して少なくとも 6 人が埋葬されていた。すでに盗掘を受けていて副葬品はあまり残っていなかったが、各壁が車騎図・車列図・楼宅図、さらには主簿・議曹掾と墨書された人物図などの壁画で飾られていた。議曹掾は郡官・県官、主簿は県官にある職種で、これらの中級役人が伺候しているところから、墓主はおそらく郡の高官だったのではないかと思われる。

宴飲図は棺室の西南側にある西耳室の奥壁にあり、垂れ絹で飾られた引き幕（帷幕）の下での墓主夫妻の食事の場面が描かれている（図 16-1）。それぞれ幅広の縁台のような床几（榻）に座る夫妻の間には卓があり、その上にある紫紅色の円形の案に耳杯 7 個と箸二組が置かれている。案の両側にも小盤があって、食べ物が盛られている。盗掘で荒らされていたが、実際に西耳室から円形の陶案と漆器の耳杯残片が出土している。夫妻の両側には配膳や給仕にあたる男女 5 人がおり、墓主の左の女性の後ろには「大婢常楽」の 4 字が墨書されている。

山東省沂水県韓家庄で 1972 年に発見された画像石の下段にも宴飲図がある（蒋・呉・関 1982）。琴・鼓・排簫を奏で、長袖舞・倒立・お手玉（跳丸）をす

図 16　少人数の宴席
1：遼寧省棒台子２号後漢墓　2：山東省沂水武氏祠
3：2の下段中央の拡大　4：四川省新都馬家８号後漢墓

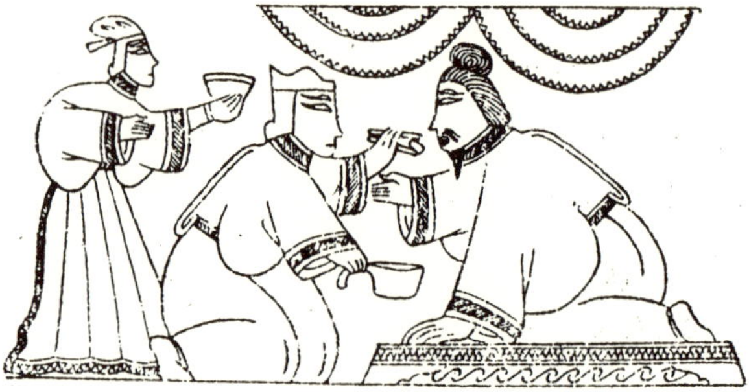

図 17　「刑渠哺父」図にみえる箸の使い方

るなどの芸人に囲まれるように、中央の2人は宴に興じている（図16-2・3)。2人の間には円案があり、耳杯9個と箸一組がある。左側で琴を弾じている楽手の上方にも円案があり、耳杯6個と箸一組がある。2人の宴席だが、楽手芸人の数を考えれば、豪華な宴会であることには変わりない。

四川省新都県馬家で1972年に発掘調査された馬家3号後漢墓はすでに盗掘によって撹乱を受けていたが、4壁に画像塼が組まれていて（王有鵬 1980)、その1つに宴飲図がある（図16-4)。同じ構図で同形同大の塼が四川省成都市郊採集（龔・龔・載 1998）や出土地不詳（高 1987）で知られている。この、家屋の中で3人が談笑している宴席の構図の塼はすでに知られていたが、副葬品の陶俑・陶器や五銖銭などから後漢晩期から蜀漢にかけての時期のものであることが判明した。宴席の様子は、中央の主人の前に4脚をもつ案があり、その両側に客が座っている。案には耳杯5個と箸二組が置かれている。左側の客は左手に箸が添えられた耳杯をもっていて、主人に渡そうとしている。右側の客は花のようなものを、これも主人に贈ろうとしている。少人数の宴席の様子をうかがわせるとともに、3人に対して三組の箸があるから、各人が自らの分の箸を使って食事していたことがわかる最初の例になる。

もっと具体的に箸の使い方を示す画像がある。山東省嘉祥県武梁村にある、土地の豪族武氏一族を祭る祠堂に収められた画像石で、邢渠が食べ物を口元まで箸で運び食事の世話をしている、「邢渠哺父」の故事が刻まれている（図17、徐 1957)。右手に食べ物のはいった魁をもち左手にもった箸で食を進めている点はいかにも自然だが、二本箸の表現がかなり短めで、持ち手が左手である点や、つかみ方にも不自然さがみられ、折箸の可能性を考慮しておく必要があろう。同様の構図の箸使いの図が武氏祠にはもう1例あるが、そちらには「邢渠哺父」と刻まれている。

食文化のなかの箸

実物や画像などの考古資料を通じて知られる後漢の箸は、高級官僚を中心とした彼らの豪華で奢侈な彼らの宴会の描写に限られてはいるが、それらを通して箸の使われ方が具体的に理解できるようになる。彼らが調理に、そして飲食に箸を活用しているからである。

棒台子2号後漢墓壁画に描かれた宴飲図には案に耳杯と箸が並べられているが、先に紹介した実物資料を紹介した発掘調査の事例でも案の上に置かれるのは耳杯と箸であり、使用法が一致している。さらに、棒台子2号壁画墓の案の上にあった耳杯7個と箸二組の組み合わせは、雲南省昭通市桂家院子1号墓に同じ耳杯7個と箸二組を並べた例があり、四川省綿陽市何家山2号墓でも耳杯7個と箸三組・盤2個が組み合っていた。他の例も耳杯は5~8個前後であり、食事に出す食具の数にある程度の作法あるいは約束事があったのかもしれない。

後漢になると、商代～前漢代に箸の出土が知られていた山東・河北・河南・山西・安徽・湖南・雲南・甘粛の各省に加えて、遼寧・陝西・広東・四川・内蒙古・新疆の各省・自治区へと実物あるいは画像資料によって箸使用を確認できる領域がさらに拡大する。この広がりは箸使用が後漢のほぼ全領域に及んでいることを意味している。その反面、前漢代まで出土資料が集中する感のあった湖北省からの出土を聞かなくなる。おそらくこれは、箸の主な出土遺構である墓室の構造が、木槨墓から塼室墓へ変わることに原因があるように思われる。

出土資料に限れば、箸の材質も竹から銅に変化している。これは木槨墓がそれを構成する木材を良好に保存する水分に恵まれた環境に築造され、竹や木を素材とする箸の保存にも適合していたのに対し、後漢代になると木質素材の保存に必ずしも適していない塼室墓にかわり、それにともなって墓の立地環境も変化した結果であろう。後漢に銅箸が増加するのは、竹箸・木箸に後代に箸の主要な素材となる銅箸が新たに加わった結果であろうが、平均の長さが 22 cm 前後に減じていることを考慮すれば明器である可能性も否定できない。実際の生活の場では、新疆ウイグル自治区尼雅遺跡の住宅遺跡から木箸が出土しているように、竹箸や木箸が使用されたであろうことは容易に推測できよう。

武氏祠の「邢渠哺父」図で明らかなように、箸は食べ物と人の口を結び、人に摂食させる役割を果たしている。しかしどのような食べ物を挟み、人の口まで運んだのかという問題は、画像資料にしても宴飲の場面であるため、確認できない。ご飯は指先でつまむものであって、箸はおかず（羹、副食）を食べる時に使うという礼儀作法が後漢にも継続していることは、典籍によって理解できる。宴飲図あるいは出土資料で案の上に箸はあるが、匙は一例もみることができない。それは宴席が空腹を満たす食事の場というよりも、まさに宴会で、そこに出される料理は酒の肴であり、箸だけで事足りたということであろう。それは羹に代表される副食をつまむ道具としての作法にかなった箸の役割にほかならない。

それが箸の本来の役割であったにしても、礼儀作法は時々変化する。箸も同様で、前漢には日常生活では匙でご飯を食べてもよくなり、現代の韓国にみられる食の作法に近づく。さらに紀元 100 年ごろに許慎が撰した最古の部首別字書である『説文解字』には、箸は「飯攲也」とある。清代に段玉載がこれを注釈した『説文解字注』（段 1991）には、「攲」には傾くという意味があり、箸は必ず傾けて使うから「飯攲」というとある。「攲」を持ち去るという意味の「攰」とする書もあるが、諸橋轍次の『大漢和辞典』によれば、「攲」には傾くという意味とともに、持ち去る、挟みとるという意味があり、「敧」と「攲」は通用するとする。したがって「飯敧也」は箸が飯を挟む食具であるという意味になる。この『説文解字』の「箸」の説明は、後漢には箸が飯を挟む道具として使用されたことを述べていて、手食もしくは匙食に限られていた飯の食べ方に新たな方法があらわれたことを示している。現在のような箸を使ってご飯を食べる習慣が後漢に成立していた可能性を示しており、きわめて重要であるが、残念ながら考古資料で確認するにはいたっていない。

商代に使用がはじまる箸の資料を通観してきた。２本の棒で物を挟むという用途をもった箸は、火箸あるいは菜箸（調理用箸）として使用が開始され、戦国時代ごろから食べ物を人の口まで運ぶ食事用の道具として定着する。前漢・後漢遺跡出土の実物資料だけでは確認できない部分を後漢の壁画墓や画像塼・石墓によって補うと、開始以来の火箸・菜箸・食事用の三つの機能は使用が継続していることを理解できる。そして、それが東アジアでは現在まで連綿として継続し、独特の箸食文化圏を形成している。

第4章　日本への箸の伝来

1　箸の伝来時期に関するこれまでの見解

第3章で検討したように、中国では商代に属する河南省安陽市の殷墟から出土した銅箸を最古に、漢代にも湖北省江陵県鳳凰山167・168号墓や湖南省長沙市馬王堆1号墓から出土した竹箸をはじめ、箸の実物資料がある。さらに使用の情景は画像石や画像塼から知られる。しかし、箸をどのように使うかは、これらの資料からは知ることはできない。そこで『礼記』の「黍を飯するに箸を以てすること毋かれ」「羹の菜有る者は挾を用い、其の菜無き者は挾を用いず」などを引用し、飯は指でつまんで食べるのが作法であり、濃厚な汁物である羹に菜（実）がはいっている場合には箸でつまみ、熱い汁は匙ですくうのであって、箸の本来の用途は飯食用ではないことを明らかにしたい。

その箸を使用する習俗は日本列島にいつ伝来したのであろうか。

まず先学に学ぶことにしよう。伝播の時期について、早く箸文化論に着目した本田總一郎は『箸の本』（1978年）のなかで、

> 中国の箸食文化は、三世紀の邪馬台国の魏への朝貢、四一三年から五〇二年にかけての十二回にわたる倭の五王の遣使朝貢、雄略朝の伊勢神宮における神箸供進の儀式化、帰化人の渡来とその箸食様式の紹介などを通じて日本人の間に知られるようになったわけである。
>
> 日本ではじめて新しい箸食制度を朝廷の饗宴儀式で採用したのは聖徳太

> 子である。新しい箸食作法は、新しい律令国家建設を政治思想とする聖徳太子が、七世紀初頭まず隋使来日の歓迎レセプションで採用した。（後略）

と述べている。本田は別の個所で「日本に大陸から箸が農耕文化の一環として伝来したのは、弥生時代末期である」とし、608年に帰国した遣隋使小野妹子が、隋朝において受けた箸と匙をセットとする食事作法を、同行した隋使裴世清らの饗応にあたって、聖徳太子の求めに応じて伝えたとするが、そう考える根拠は示されていない。前者は卑弥呼の外交から、後者の場合は、『日本書紀』推古十六年条に、裴世清を小墾田宮に迎えた際に、皇子・諸王・諸臣は「悉く金の髻子を以て頭に着せり。亦衣服に皆錦・紫・繍・織及び五色の綾羅を用う」、つまり皇族や高官が頭の冠に金細工された飾り物を下げきらびやかな装いをしていたという記事から推測されている。たとえそれが実際であっても、『魏志』倭人伝に卑弥呼と箸の、『日本書紀』には聖徳太子と箸の関係を示唆するものはない。聖徳太子による箸食採用を年表に入れる人もいるくらいに知られているから、本田も罪なことをしたものである。

箸文化研究に尽力し、その著『箸の文化史』（1990年）で毎日出版文化賞を得た一色八郎は、

> 日本で箸が使われ始めたのは、三世紀より七世紀までの間のことと思われる。とくに、わが国が中国の文化を意識し、意欲的に取り入れようとしたのは、七世紀に入ってからであり、その契機となったのは仏教の伝来にともなう食事法であろうと考えられる。

として、3世紀ごろからの箸使用開始の可能性を認めるとともに、6世紀代の仏教伝来を契機として7世紀以降の普及を考えている。「日本で初めて新しい箸食制度を朝廷の供宴儀式で、採用したのは聖徳太子であるとされている」と本田説を無批判に援用している部分もあるが、両氏は、3世紀ごろから箸の伝播がはじまったが、それが普及・定着するのは7世紀以後であると考えている。

7世紀代に箸が使用されていたことは、発掘された箸の実例から理解できる。

そこで箸の考古資料をみておこう。

2　箸の考古資料

箸の普及

1996 年に埋蔵文化財研究会が膨大な資料を集成した『古代の木製食器』（埋蔵文化財 1996）をみると、8 世紀以降の遺跡から出土した箸の資料が満載されていて、その普及を認めることができる。したがって箸の考古資料は膨大なものになるため、日本への伝来の道筋にある韓国、海外への門戸であった大宰府のある北部九州、当時の宮都のあった飛鳥・奈良地域、北辺にあって対蝦夷政策のために設置された秋田城周辺の、箸事情を探ってみよう。

韓国の箸と匙

日本の箸文化を考えるにあたって、朝鮮半島の箸事情が重要になる。中国文化には直接日本列島にもたらされたものもあるが、朝鮮半島を経由して、あるいはいったん朝鮮半島で咀嚼されて伝わるものも多いからである。そこで箸の出土資料を求めると、523 年に没したことが知られている忠清南道公州邑にある百済武寧王陵に副葬された銅製箸・匙が最古の例になる（図 18）。箸は青銅製で、長さ 21.0 cm、太さ（先端部の直径）0.3 cm をはかる大きさのものが一対になっている。両端部

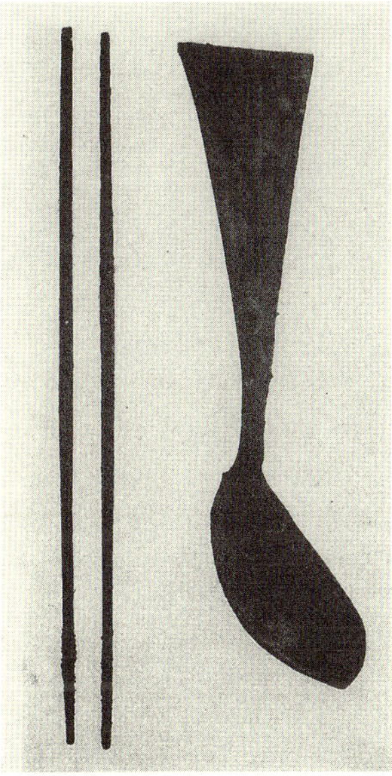

図 18　百済武寧王陵の箸と匙（1/3 大）

でやや細くなっているが、両口箸というよりも寸胴箸に区分できる（文化財 1973）。匙は3本あるが、いずれも柄の把部が幅広になっている。1本は匙面の長さ7.7 cmで柄を含めた長さは20.4 cmになる。柄の表面に5本の隆起線があり、3本は匙面に及んでいる。他の2本は長さ18.2 cm、18.6 cmでやや短い。

韓国で精力的に箸匙研究を続けている鄭義道韓国文物研究院院長によると、忠清南道扶余郡王興寺跡から青銅箸一対が出土している（鄭 2008）。これまで王興寺は600年の発願と考えられていたが、木塔跡から検出された舎利荘厳具に刻まれた銘によって、百済の威徳王昌が息子のために丁酉年（577年）に創建したことが明らかとなった。それが即箸の年代ではないが、三国時代のものであると考えられている。寸胴箸で長さ21 cm、太さ0.4 cmをはかる。

三国時代の匙は慶尚北道慶州市の金冠塚古墳や皇龍寺、同じ慶尚北道迎日郡にある感恩寺など新羅地域の調査でも出土しているが、箸は武寧王陵と王興寺のみしかなく、現状では百済地域に限られている。

次の統一新羅時代にはいっても箸は出土しない。新羅の代表的な遺跡である慶尚南道慶州市の雁鴨池跡は、文武王金春秋が文武14（674）年に王宮月城の東北に海に見立てて造った庭園で、主殿の臨海殿から望める苑池をいう。この雁鴨池から出土した3万点におよぶ遺物のなかに、円形と木の葉形の青銅製匙がある（文化財 1993）。木の葉形の長匙は全長26.6 cmをはかる割には匙面の長さは6.6 cmと小さい。円匙は全長18 cm前後の大きさである。池跡から出土した双鹿宝相華文塼の1つに「調露二年」（680年）と唐の年号を刻んだものがあり、匙の年代を知る手がかりとなる。

新羅の銅製箸はまだ知られていない。雁鴨池跡出土の塼に唐の年号があったように、唐と新羅の密接な関係からして、箸の存在と箸・匙を使用する食事作法の普及が考えられるが、現状は資料不足の状況にある。

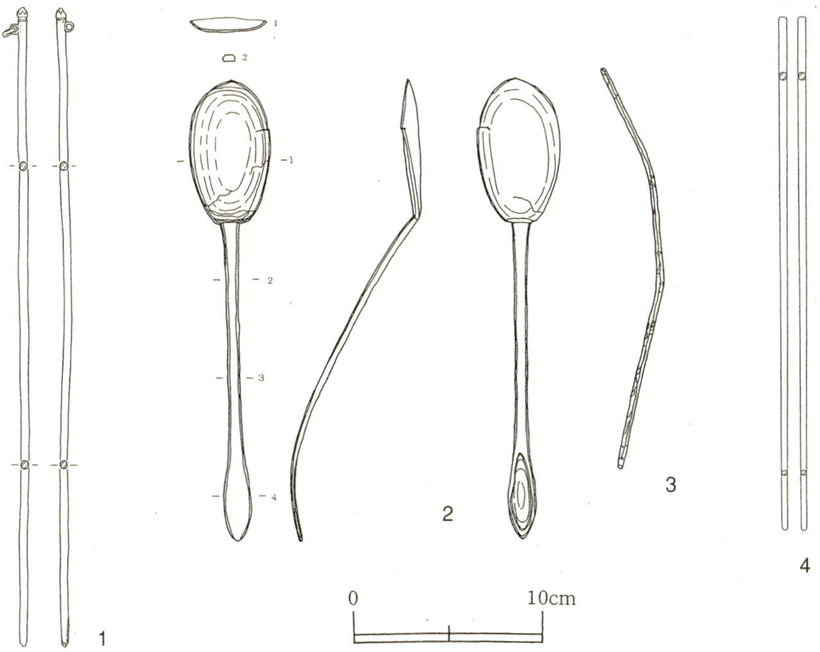

図 19　大宰府出土の青銅製の箸と匙
1：大宰府　2・3：福岡市三宅廃寺　4：佐賀県下中杖遺跡

大宰府の箸と匙

大宰府の発掘調査では、政庁や府庁などの中枢部はもちろん、民衆の生活の場である条坊内においても、奈良時代およびそれ以前の木製・竹製の箸は出土していない。大宰府政庁前面の張り出し部は広場をはさんで東西に官衙（官庁）が建ち並ぶ。その西側の官庁群と広場を区切る南北溝 SD2340 からは、多数の木簡などの木製品とともに、土製の食器や煮炊き具が出土しているが箸はない。ただ、西側官庁群の西を区画する溝 SD320 およびそれに取り付く溝 SD2011 からは金銅製箸が出土していて（図 19-1）、大宰府中枢部からの唯一の例となっている。各溝からそれぞれ 1 本が出土したが、いずれも長さ 32.3 cm、太さは直径 0.45 cm と、同じ大きさになる。把部（頭部）を蕾状の蓮華で飾るが、金箔がわずかに残っている。把部の下端には鎖を通すための環が付けられていて、

SD2011 出土の方には鎖が 1 個残っている。端部を丸めた寸胴箸である。別の遺構から出土したが、この 2 本は鎖でつながれ対で使われたものであろう。SD320 の西側は官人居住区と考えられており、大きさと形状からみて、そこで火箸として使用されたと思われる。SD320 は 8 世紀に掘られ、11 世紀後半代に埋没しており、10 世紀後半を下限とする、平安時代の銅箸である（石松 1982）。ほかに、大宰府条坊の調査で、銅（佐波理）製の匙と容器の破片が出土している。

大宰府政庁の東には府大寺観世音寺がある。出土資料ではないが、905 年の『延喜五年観世音寺資財帳』に箸の記録がある。最初の箸の研究者は 6 代将軍徳川家宣のもとで正徳の治を実行した新井白石（1657～1725 年）だが、その著『東雅』で箸の語源的な解釈をしていて、「金属の箸も古くより行はれ、金御箸は儀式帳に見え、銀の箸は宇津保物語に、白銅箸は延喜式に見え、銅箸、鉄箸は観世音寺資財帳に記されたり」とある（本田 1978）。箸研究の嚆矢に名のみえる観世音寺の現住職である私が箸に関心をもつのは何かの因縁かもしれない。その資財帳には、佛物章に「白銅鈚貳勾一勾重五両一分 一重二両三分」「鐵鐯貳具一具二尺二寸 一具一尺九寸八分」、法物章に「鐵香鈚壹柄」、通三寶物章に「白銅鈚参柄貳柄各重三両二分 壹柄重三柄」「白銅鐯具各重二両三分 著鑄」とある。鈚は匙であり、鐯は箸を意味する。佛物章の鉄鐯は長さが 60 cm 前後だから食事には使えないものの、仏具であっても箸と匙がセットとして 9 世紀にあったことがわかる。

銅箸と銅匙のセットは福岡市三宅廃寺にある。箸と匙は、8 世紀後半とみられる溝から、組み合わさって出土している（図 19-2・3）。箸は 1 本のみで、「く」字状に曲がっているが、伸ばすと 23 cm になる。太さは直径 4 mm で、一部に付着物がある。匙は匙面 7 cm、柄長 18 cm をはかる。同種の正倉院には銀製品に金メッキを施した金銀箸・匙各 1 とともに、銅・錫・鉛を合金した佐波理匙、さらには 18 束 345 枚もの銅匙が伝わっている。これらは形状からみて新羅からの将来品の可能性が高い。三宅廃寺出土の銅製箸は正倉院の長匙と同長で、柄の先端部裏面がわずかに凹んでいる相違を除けば、柄を両面からの面取りする方法や反り方、匙面先端部のわずかな突起状の尖りなど、細かな点まで形状が似ていると報告されている。黄銅製とされているが、佐波理の可能性もある（二宮 1979）。

佐賀県三田川町下中杖遺跡の井戸からは銅製箸が 2 本そろって出土している（図 19-4）が、匙はない。素掘りされた井戸からは土師器や須恵質甕、緑釉陶器、青磁や白磁などが出土していて、9 世紀前半に埋没している。箸はここから出土しており、使用の痕跡があると報告されている。2 本とも長さ 25.9 cm、把部の径 0.45 cm で、ほぼ寸胴だが、端部がやや先細になっている（七田 1980）。三宅廃寺と異なり、下中杖遺跡は官人の館もしくは荘園（神埼荘）関係の施設と考えられていて、そうした遺跡からの銅製箸の出土、さらには使用の痕跡があることから、日常生活において使われていたことがわかり、銅箸が相当に普及していたことを考えさせる。

大宰府条坊の内部では木製の箸はまだ確認できていないが、福岡市博多区井相田遺跡に例がある。掘立柱建物群からなる 8 世紀後半を中心とする集落だが、居住区の南端を区画する大溝があり、そこから箸と考えられる木片 2 点が出土しており、2 点は同一個体になると思われる。曲物の底板や皿などの木製品も出ている。奈良国立文化財研究所による年輪年代測定でヒノキ材木製皿は 759 年よりも古くならないという測定値が出ている（山口 1987）。また、熊本県玉名市柳町遺跡の奈良時代末から平安時代前期の 1 号大溝からも箸 3 点が出ている。いずれも破片で、もっとも残りのよいものでも 10.6 cm、太さ 0.6～0.7 cm、断面が四角形になる。ガマズミ属とウツキ属の木材を使用している（高谷 2001）。

このように木箸の実例に恵まれていないものの、銅製の箸・匙の出土からみて、遣唐使の伝える最新の唐文化に真先に触れ、それに憧憬していた大宰府の人びとは、唐や新羅にならって手や匙で飯を食べ、多くの場合木製や竹製の箸

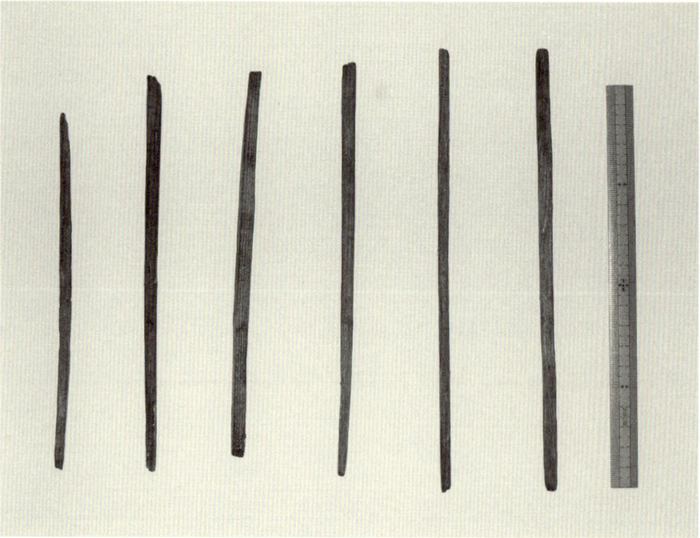

図 20　藤原宮跡出土の箸の一部（奈良県立橿原考古学研究所提供）

で副食をつまんでいた可能性がある。

宮都の箸と匙

現在最古の箸とされるのが伝飛鳥板蓋宮跡出土のヒノキ材を粗く削った箸で、長さは 30.8 cm・33.2 cm の完存例を含めて 30～33 cm くらいで、太さ 0.3～1.0 cm のものがみられる。寸胴箸のほかに片口箸や両端が先細りになる両口箸がある。食事用の箸としては長すぎるので、観世音寺の鉄箸のように仏事に用いられた可能性がある。

長さからみて食事用と考えられる箸は藤原京跡で出土している（図 20）。ヒノキ材で、長さ 15～23 cm、径 0.4～0.7 cm をはかる。報告書には、「棒」の項に「棒の断面は方形になっていて、両端の厚さも同じである」とあるから寸胴箸であることがわかるが、両端を斜めに削ったものもあるというから、両口箸もあると思われる。「平城宮で多量に発見される箸は、今回の調査ではほとんど見当たらなかった」というように断面が円形になる例はほとんどない。しかしこの「棒」には丁寧に仕上げられたものもあるというし、その長さも次の平城宮や平城京出土のものと一致しており、食事に使用された箸と考えてよい。木匙をともなっていることも注目できる（奈良県 1969）。

和同開珎に先立って鋳造された富本銭の鋳造工房とみられる奈良県明日香村の飛鳥池遺跡は、富本銭の鋳造を意味すると考えられる『日本書紀』天武十二（683）年条の、銅銭の使用を命じ銀銭の使用を禁じた、銅銭鋳造記事に見合うことや、「丁丑年十二月三野国刀支評」以下を記した木簡の丁丑年が677年であることなどから、7世紀後半の官営生産遺跡と考えられている。ここから数本の銅箸と折れた銅匙の柄の一部が出土していることを松村恵司から教示を受けた。銅箸のうちの1本の把部には武寧王陵例と同じ凸線による装飾が施されているが、1本のみになっている。また銅匙の柄片をみると、中央に突線が走っている。鋳造工房での出土であるから、箸・匙の使用というよりも、ここで箸・匙が生産されていたことを意味すると思われる。

このように斉明天皇の飛鳥浄御原宮の時代から藤原京期にかけての、7世紀後半には銅箸・銅匙、木箸・木匙を食事に用いていたことが明らかになってきている。

平城京の時代になると、箸の使用が普及する。平城宮大膳職の例がよく引用されるが、次のような好資料がある。

平城宮の内裏北外郭近くにある土壙SK820は、747（天平19）年を下限とする木簡の出土から、奈良時代前半期の遺構と考えられている。この調査では、ヒノキ材の木片を小割りにした荒削りの棒状品が多数検出されている。このうちに完形の箸が302本あり、いずれも把部と端部の区別のない寸胴箸であった（図21-1）。長さには14 cmから24 cmの幅があり、ことに17～22 cmが80%を占めたという。なかでも20～21 cmのものが多く、これが標準的な長さであると判断されている。製作の粗雑さから、一時に使用し、まとめて廃棄されたとみられている（奈良文研 1976）。

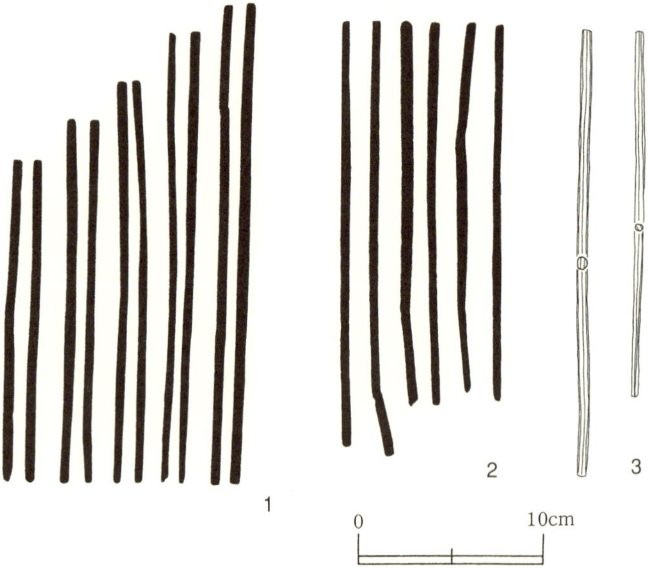

図 21　平城宮・京の木製箸
1：内裏北外郭土壙 SK820　2：第一次大極殿東建物 SB7802 柱抜き取り跡
3：長屋王邸井戸 SE4225

同じく平城宮の第一次大極殿の東側に建つ 5 間×3 間の総柱東西棟建物 SB7802 は、柱の抜き取り跡から出土した木簡から、752（天平勝宝 4）年ごろに廃絶したことがわかっている。その抜き取り跡の埋土から祭祀具・服飾具・食膳具・工具などが検出されたが、匙や杓子・杓文字とともに、ヒノキの柾目材を使った箸が 10 数点ある。断面が四角あるいは円形に近い、径 0.3〜0.6 cm ほどの細い棒が出土している。完全な形のものが 7 点あり、径 0.3〜0.6 cm、長さは 13.7〜22.2 cm で揃っていない。図版でみると、いずれも寸胴箸である（図 21-2、奈良文研 1982）。

兵部省跡でも木箸は 2 点しか出土していないが、多数ある断面円形の棒状加工品のなかに箸が含まれていると思われると報告にある。

宮外の京域では、平城京左京三条二坊で検出された長屋王邸からは、35,000 点を数える木簡をはじめ貴重な考古資料が検出されているが、そのなかに木製の箸・匙・杓子がある。邸内の各所で15,000点を超える棒状品が出土していて、箸はこれに含まれるからかなりの数の出土が見込まれる。箸と判断できる例は木匙や木杓子とセットになっている様子が認められる。井戸SE4225井戸枠内埋土から箸2本が出土しているが、把部と端部の太さに差がない寸胴箸である（図21-3）。長い方は長さ23.1 cm、直径0.6〜0.7 cm、短い方は長さ19 cm、直径0.4 cmをはかる。短い方はスギ材を使っている。粗製の棒状品で、SD4750では箸とは断定できないが、直径1 cm未満、長さ10 cm以上の棒状品が170点近く出土したと報告されている。ともなう土器からみて奈良時代末期の箸である。

長屋王邸およびその跡地は宮外といっても一般の人びとにとっては別世界であった。東市出土の箸先端部をやや細めにした、長さ22.3 cm、太さ0.7 cmの寸胴箸、左京一条三坊の長さ24.0 cmの木箸、左京三条四坊十二坪の短めの棒状品、外京五条五坊のヒノキ材を小割りにして断面七〜八角形に仕上げた長さ26.1 cm、太さ0.5 cmの木箸などがあるが、しかしながら平城市民の箸使いを示す考古資料にはまだ恵まれていない。

奈良時代の箸として、正倉院の銀製品に金メッキを施した金銀箸・匙一対がよく知られている。やや先が細くなっているが寸胴箸で、長さ25.8 cmをはかる。木の葉形の匙は匙面の長さ8.3 cm、柄の長さ22.7 cmで、全長は30.9 cmになる。銅・錫・鉛を合金したやや小さな佐波理匙があり、匙面の長さ8.7 cm、柄長16.5 cmで、全長は25.2 cmになる。匙面はやはり木の葉形になっている。さらには18束345枚もの銅匙が伝わっている。これらは匙面に丸みのある円匙と木の葉形の長匙からなるが、円匙と長匙を一組にして紙で巻き、10組を木綿の紐でくくり1束にしている。関根真隆は、円匙で食べ物を取り分けたりスープを飲んだりし、長匙は現在のスプーンと同様の食事用であろうとしている（関根 1969）。

佐波理製や銅製の箸・匙には新羅からもたらされたものもあろうが、飛鳥池の工房ですでに670年ごろに鋳造されており、皇族や貴族の食事で使用されたのであろう。これに対し下級官人や庶民は、当時の記録によれば、竹製の箸を使用している。『延喜式』大膳上に「箸竹八十株」「箸竹二百30株」「箸竹二百六十株」などとあるのがその例になる。当時の文書を渉猟した関根真隆は、文書には箸の材質に竹・玳瑁・白銅などの金属はあっても木がないことから、平城宮出土のヒノキ材の棒状品を木箸とすることを疑っている（関根 1969）。事例の増えた現在はその疑いはないが、箸の字に竹冠がつくように、もっとも多く使われたのは竹箸、それも「株」の表現からして細竹を裁断した程度の粗い箸だったと思われる。したがって、奈良時代には

皇族や貴族などの上層	金属や玳瑁などの高級箸
やや高位の官人の中層	木箸
下級官人や庶民などの下層	竹箸

という関係ができあがっていたのかもしれない。

秋田城の箸と匙

東北地方の東側に対蝦夷政策の拠点として置かれた鎮守府多賀城に対して、日本海側の拠点として、秋田城は山形県最上川流域にあった出羽柵が733（天平5）年に秋田村高清水に遷された出羽柵の後身で、760年代ごろに阿支太城（秋田城）と改称されている。それと同時に創建されたと思われる附属寺院の僧房SB006建物の北東にある井戸SE406から「天平六年月」（734年）の紀年をもつ釘書き木簡が出土していて、秋田への出羽柵移転に関する『続日本紀』の記事の確かさを明らかにしている。

秋田城出土の箸は、たとえば第54次調査で検出された東外郭中央部の土取り穴から、生活用具や祭祀具、木簡、漆紙文書、土器などの多量の遺物に共伴した木製箸がある。多数出土しているが、17.2〜17.7 cmの長さの寸胴箸が多い（図22-1）。挽物・刳物・曲物・蓋などの木製食器にともなっているから、や

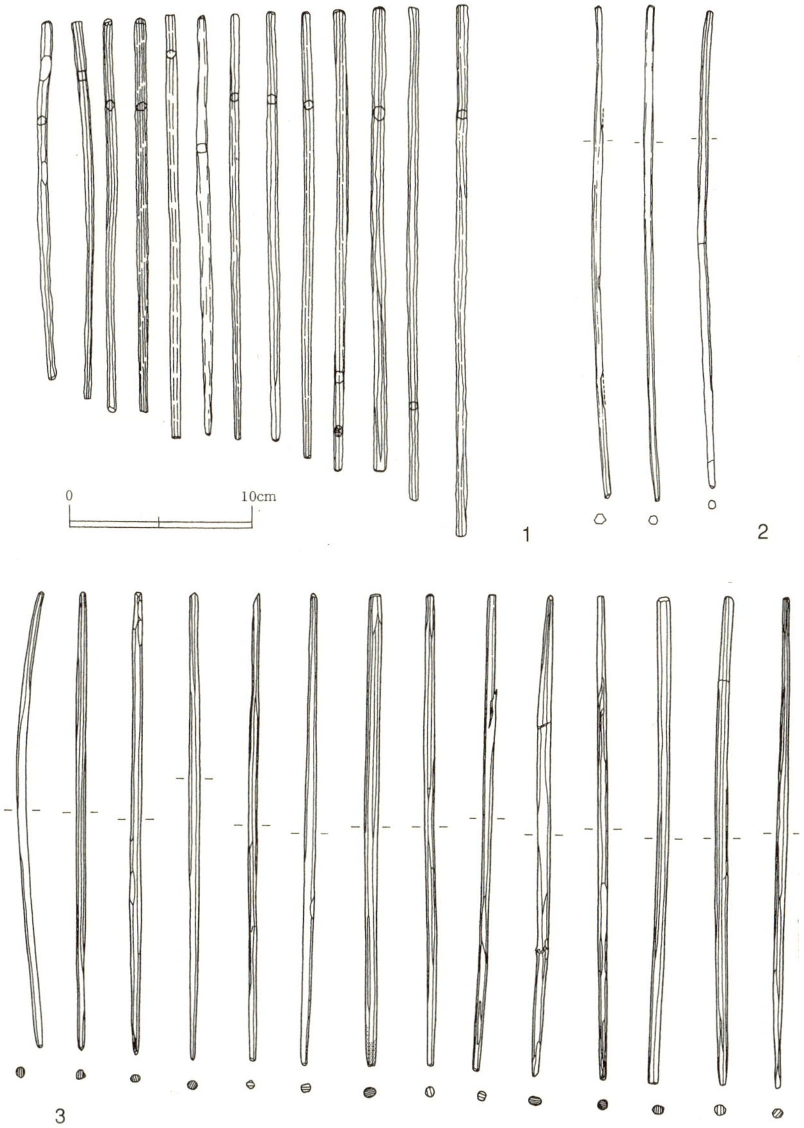

図22　北端の古代の箸（1/4）

1：秋田城第54次調査　2：秋田城第39次調査　3：中谷地遺跡

や短いが食事用の箸としてよかろう。この土取り穴からは天平宝字年間（757～764 年）の漆紙文書や「延暦十年」（791 年）や「延暦十四年」（795 年）銘の木簡が出土しており、奈良時代後半の箸とみられる。

木製の箸は、東外郭外側で実施された第 39 次調査の沼沢跡の、9 世紀後半とみられる整地層からも、挽物や曲物などの木製椀・皿類とともに出土している。3 本が図示されている（図 22-2）が、いずれも両端を細く削った胴太先細の両口箸で、長さの記入はないが 27 cm 前後になる（小松・日野 1993）。

秋田城周辺でも、同じ対蝦夷対策の払田柵跡や秋田県南秋田郡五城目町中谷地遺跡から箸が出土している。中谷地遺跡は掘立柱建物 9 棟や板材列 4 列などが検出され、秋田城よりも北側にある官衙的性格をもつとみられている遺跡で、挽物・刳物・曲物・箱・折敷などの多数の木製食膳具・食具とともに、完全なもの 84 本を含む 724 本の箸が検出されている。全般的にそれほど丁寧には加工されていない。長さは 16～42 cm と幅があるが、26 cm 前後が一番多いと報告されている。太さは 0.3～1.0 cm となる。図 22-3 に示すように、寸胴箸、端部を丸めた寸胴箸、端部を先細にした両口箸がある。これほど箸があるにもかかわらず、匙は木製、土製のいずれも出土していない。箸は 9 世紀第 1 四半期を前後する時期のものである（三嶋 2001）。

後述するように、木箸は、排便の処理に用いる籌木と区別できない場合があるが、秋田城では 8 世紀中ごろの便所遺構 SB1351 が調査され多数の籌木が検出されていて、箸と籌木は形が異なっているから、両者の混同はない。

以上、大宰府・宮都・秋田城の箸事情をみてきたが、『古代の木製食器』や佐原眞の指摘のように奈良時代には地方に及ぶ相当の普及と、中谷地遺跡の例のような食事における匙の脱落のはじまりを認めることができる。

3　箸の置き方

箸の置き方は縦向きか横向きか

述べてきた箸の形態や普及とは別に、先述した「天平のメニュー」の復原にあたって、奈良国立文化財研究所は箸を食膳と平行（横向き）に置いているが、この点の検討も不足している。現代の中国や韓国では箸を縦向きに置いているので、古代も現在のように横向きに置かれていたことを実証する必要があった。しかし、検討の形跡は文章からはうかがえない。そこで、箸がご飯を食べるための食具と考えられたことも、横向きに置くと判断されたことも、現今の日本の習慣をそのまま取り入れられてのことであろうと推測する。

しかし、箸の置き方にこだわると、本当に奈良時代の人びとは飯を箸で食べ、横向きに置いたのだろうかという疑問が出てくる。お隣の韓国では今でも飯を匙で食べ、箸は副食（おかず）をつまむために使っている。中国では箸を飯と副食を食べるために使う。そして韓国や中国では箸および匙（散蓮華）を縦向きに置く。これらは現在の習慣だが、同じ箸を使う文化といっても、中国・韓国・日本では実態が異なっている。それだけに奈良時代の人びとが箸で飯を食べ、箸を横向きに置いたとするのは早計であった。

紹介した発掘された箸の考古資料は、中国に源流のある箸文化が7世紀後半には着実に日本に伝わり、8世紀後半には普及していることを示している。したがって出現・定着期ではなく、この時期の中国（唐）の箸の用途、用法や置き方が、日本に影響を与える可能性が高くなる。そこで、最古の箸の出土遺跡とされるのが伝飛鳥板蓋宮跡や藤原京跡、さらには最初に多用が認められる平城宮跡などであるから、飛鳥・奈良時代と同時期の、唐における箸使用の習俗をみておこう。

1：陝西省南里王村韋氏唐墓

2：甘粛省敦煌市莫高窟 473 窟

図 23　唐代の食卓

唐での箸使用の実際を示す資料は次の壁画3点が知られている。

①陝西省長安県南里王村で調査された唐代中期の韋氏家族墓の壁画に宴席が描かれている。低く作られた脚をもつ食卓を9人の男性が囲んでいるが、その前には御馳走や食器とともに箸が横向きに置かれている（図23-1）。匙は見当らない。

②甘粛省敦煌市楡林窟25窟には結婚の宴会の光景が描かれているが、参席した男性の前に箸が横向きに置かれている。この壁画も箸のみで、匙は見当らない。

③甘粛省敦煌市莫高窟473窟にもやはり宴会の様子が描かれている。帷幄（テント）の内側にしつらえられた細長い食卓を挟んで4人の男性と5人の女性が向かい合っているが、それぞれの前に箸と匙（散蓮華）が横向きに置かれている（図23-2）。男女ともに服装からみて漢族であり、漢族の箸・匙使用の習慣を示している。

これらの壁画から、唐代の宮廷およびそれに近い上流の階層の人びとは食事に箸のみ、あるいは箸と匙を用いていたことがわかる。そしてそれらは食膳（食卓）と平行の横向きに置かれている。しかし何をつまむために箸を使うのかという点については不明確である。そこで文献（太田 2001、向井・橋本 2001 に詳しい）を渉猟すると、馮贄の『雲仙雑記』巻五には、王縉という人物は鴨の肝臓や豚の胃袋を料理したつまみが好きで、このつまみがなければ酒を飲む時に「筋を輒ち挙げ」なかったとある。筋は箸のことだから、つまり酒宴では箸で料理をつまんでいたことになる。酒宴の席に飯が出たかどうかはわからないが、③のように箸と匙が用意されている場合には、開元年間（713〜741年）の作といわれる『唐摭言』巻15「閩虫進士」に「飯渋り匙綰りにくく、羹稀く筋寛め易し」とあり、まだ飯を食べるには匙、羹（あつもの、汁物）の中身をとるのに箸を用いていることがわかる。先にも紹介したように、この用法は古来のもので、『礼記』「曲礼」に「黍を食するに箸を以てすること毋かれ」とあるように、キビの飯を食べる時には箸を使ってはならなかった。これは米飯でも同様で、飯は手でつまんで食べるもので、箸や匙は羹を食べるときに用いていた。ただ、『説文解字』に「匕は飯をすくいとるもの」とあるから、後漢になると飯は手でつまむばかりでなく、匕（匙）ですくって食べるようになっている。この食事法が唐代まで続いていて、唐代においても①②の場合は飯を手づかみし、③では匙が使われたとみられ、箸は依然として副食用であった。

この匙・箸の用法は、横向きに置くことを除けば、まさに現代韓国のそれと一致している。

ところで、『隋書』倭国伝に、倭国の習慣では「盤俎（食べ物を盛り付ける台）がなく、槲（かし）の葉をしき、手づかみで食べる」と7世紀にみられる倭国の手食の習俗が記されているのは、単純なミスだろうか。これに似た表現が『万葉集』巻2の有馬皇子の歌にある。よく知られている「家にあれば　笥に盛る飯を　草まくら　旅にしあれば　椎の葉に盛る」（142）で、手づかみとは歌われていないが、椎の葉に盛っての食事は旅の途中での臨時のものであることを伝えてくれる。家庭では箸を使っている私自身、おにぎりと沢庵あるいは梅干し入りのおにぎりで手食した旅先での軽食体験は何度もあるから、実感できる。

『隋書』の記事は、宮廷での饗宴での手食の光景ではなく、旅の途中でみた庶民の簡単な食の風景なのかもしれない。そうであれば、疑いもなく7世紀を経て現代にいたる、日本の食事法の一側面である。もっとも、宮中にあって大膳職大膳大夫や内膳司内膳奉膳などの皇族や官人の食事の調理の長官を務めた膳（かしわで）氏の姓が槲（カシワ、柏）の葉にちなむのが気になる。

文献に記録された箸と匙

奈良時代の食生活に関する関根真隆の大著『奈良朝食生活の研究』で、奈良時代の食膳具が復原されている。皇族や高級官人たちは、「大安寺資財帳」や「法隆寺資財帳」にある722（養老6）年に行われた元明上皇の一周忌斎会で使われた鉢1口・多羅2口・鋺7口・匙1枚・箸（鉗）1具からなる白銅供養具のような食器を使っての食事を考えている。鉢に飯を盛り、皿に相当する多羅と鋺＝椀に菜（副食）を入れ、箸と匙で食べている。箸と匙の使い方は、『和名抄』厨膳具条に、

　箸　唐韻云筯遅侶反和名波之匙也字亦作箸兼名苑云一名扶提

　匙　説文云匕卑履反和名賀比所以取飯也兼名苑云一名匙是支反与疵同又音提見唐韻

とあり、箸は波之（ハシ）、匙は賀比（カヒ）とよんでいた。匙は「所以取飯也」とあるから、匙でご飯をすくって食べていたことがわかる。箸も「匙也」とあるからご飯をつまんでいたのであろう。皇族や高級官人は箸や匙を使って豪華な食事を食べていたことがわかる。

これに対して、経師以下雑使のやや高位の役人は、大笥1合・埦1口・杯1口・佐良1口・塩杯1口からなる食膳で、箸のみを用いて食べていた。笥は蓋付きの曲物容器で、秋田城など各地で出土している（図24）。大笥は飯櫃（おひつ）とも思われるが、『古代の木製食器』の集成では笥は箸や匙とともに出土しており、この場合は飯入れと思われる。埦は金偏の鋺でなく土偏で埦とあるから土製の椀で、体部に深みがあるから汁物を入れたのであろう。杯には酒杯（盃）の意味があるが、この場合は菜入れで、塩杯は調味料の塩を入れている。佐良は小皿にあたる。遺跡での出土資料で検証すると、笥は蓋付き木製曲物容器、他は土器になる。これらの食器を使っての、ご飯に一汁二菜、調味料の塩のみの簡素な食事になり、箸のみで食べている。これはやや高位の役人で、下級役人や庶民は「玄米の飯に副食として羹一埦と他に何かつくかつかないかの程度であったろう」と関根は推測している（関根 1969）。食器は土器のみであろうから、庶民の食事の貧しさが食器にも反映してくる。

ここで重要なのは、皇族や高級官人などは唐の制度に学んで箸と匙を使っているが、大多数を占める庶民や下級役人はすでに箸食になっていることである。

ともあれ、唐や新羅では手または匙で飯を食べ、箸で副食をつまんでいた可

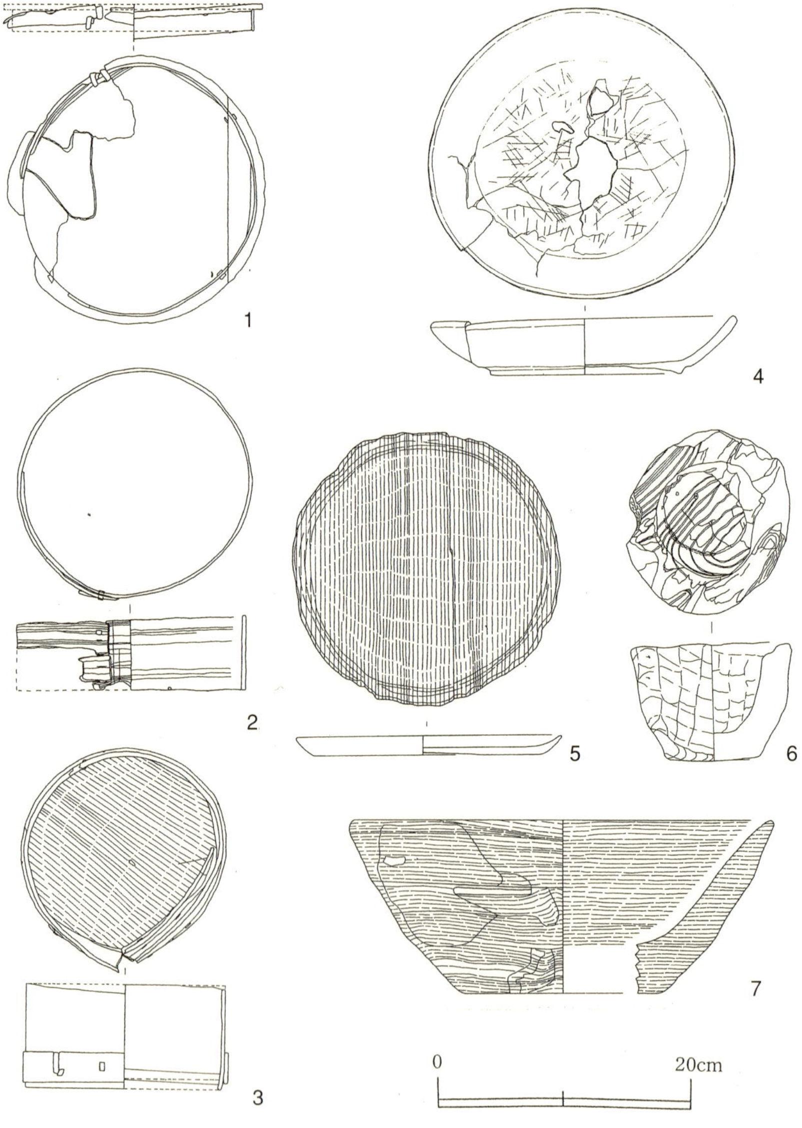

図 24　秋田城で使用された木製容器と製作技法
1～3：蓋付曲物容器（笥）4・5：挽物皿　6：刳物椀　7：刳物鉢

能性がきわめて強く、その文化に憧れ交流を重ねていた倭（日本）の高官たちは箸・匙食をしていたが、奈良時代の大多数の人びとは箸でご飯もおかずも食べていた可能性が高い。

4　高台付き杯出現の意義

箸普及の指標は椀の出現

福岡市博物館で開かれたトルコ文明展をみたとき、色鮮やかなトルコ陶器に魅了された。感激覚めやらぬまま展示室を出ると、トルコ物産の展示即売がされていて、さまざまなトルコ陶器があった。これで食事をしようと椀をさがしたが1点もなく、不思議に思った。この疑問は、坂井隆の一文で氷解した。インドネシアの港市都市で出土する陶磁器類を分析した坂井は、大小の皿が圧倒的に多いことを指摘し、反面、茶碗類がほとんどないことに着目する。それは「この地域ではカレーのような汁かけ飯料理が普通で、指を使って口に運ぶことが習慣となっている。食生活から焼き物の違いが生まれた」からである（坂井 1998）。たしかにインドシナ半島の、箸食地帯のベトナムなどでは椀類が多く出土する。東南アジアの港市遺跡から出土する陶磁器の種類が、ベトナムなどの食事に箸を用いる箸食文化圏には椀があるのに対し、手食文化圏のインドネシアでは椀を欠き大小の皿が主流となるという坂井の指摘は、箸食と手食を考える大きな手がかりになる。

飛鳥地方の土器編年をみると、飛鳥Ⅲ期に大きな変化がある。図25でみると、古墳時代以来使われてきた杯Hが消失し、平底をもつ杯Gに変わっている。身部と蓋の関係をみても、それまで身部側に付いていた蓋受けの返りが、杯Gでは蓋側になっている。この変化は飛鳥Ⅰ・Ⅱ期を交替期として徐々に進行しているが、飛鳥Ⅲ期に高台の付く杯Bが出現している（松村 1996）。このよう

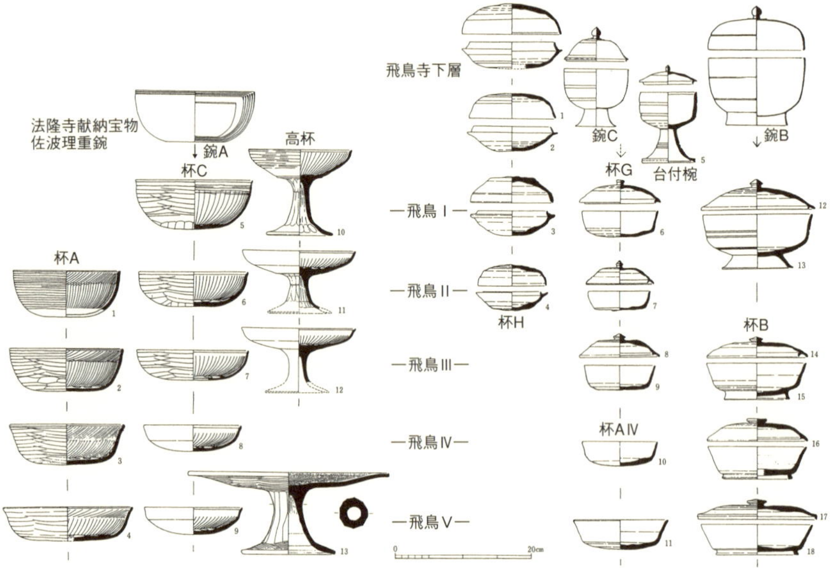

図 25　飛鳥Ⅲ期前後の土器編年

に 670 年ごろから須恵器の杯の底部に高台がつくようになり、安定感を増している。銅箸・銅匙を出土した飛鳥池遺跡の須恵器の杯にも高台がついている。まさにこのときから箸の出土資料が増えてくる。身部の低い平底の杯や皿もあるから、箸を使う食事作法が定着しはじめたことを意味する。

箸は副食および汁物の具をつまむための食具だから、木製の蓋付き曲物容器（笥）あるいは杯にご飯を盛り、底部を平らに仕上げたり高台を付けたりした皿や杯に副食、そして安定感のある高台付きの身の深い杯に汁物をよそった食の光景がうかんでくる。繰り返せば、670 年ごろから、食膳具に木製の蓋付き曲物容器（笥）と須恵器の高台付き杯、さらに須恵器や土師器の杯・皿類、そして箸・匙・杓文字が定着し、新たな食の光景があらわれている。北端の食具資料である秋田県中谷地遺跡では供膳台の折敷とともに、木製の蓋付き曲物容器（笥）と高台付きの木製挽物皿、須恵器の高台付き杯と平底の杯、さらに土師器の無高台椀と杯からなり、箸は多数あるが匙を欠くセットが考えられる（図

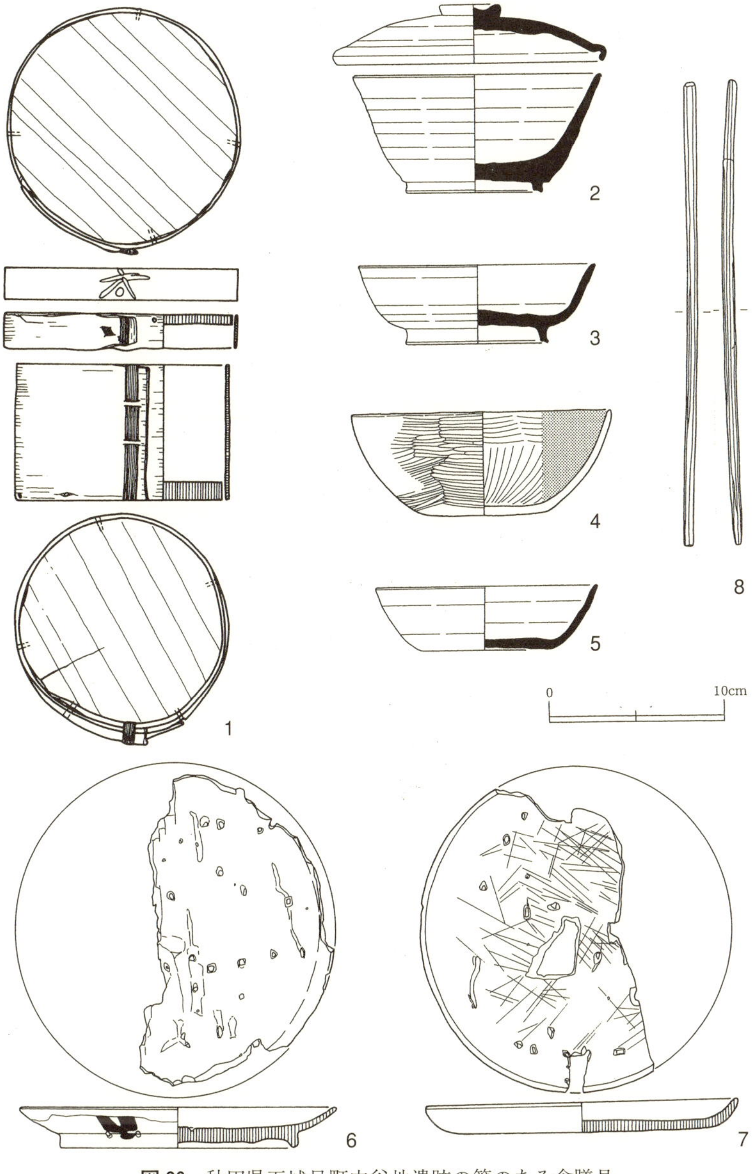

図 26　秋田県五城目町中谷地遺跡の箸のある食膳具

1：飯用（蓋付き曲物笥）　2：汁物用（蓋付き須恵器高台付き椀）　3~7：菜（副食）用（3：須恵器高台付き杯　4：土師器平底椀　5：須恵器平底杯　6：挽物高台付き皿　7：挽物平底皿）　8：摂食用（木製箸）

図 27　復原した大宰府の上級官人の食卓

26)。

木製の曲物容器である笥には板材の平底がつくから安定性に優れている。須恵器や土師器の杯・皿類も高台を付けあるいは平底にすることによって安定させる。それと同時に箸が普及するのは、食器に盛り付けられた汁物の具や菜(副食）を、食器を食膳台に置いたままに箸でつまめるようになったことにほかならない。

かつて大宰府の上級官人と下級官人の食卓を復原したことがある。平城京の「天平のメニュー」を参考に、食素材に恵まれた大宰府の土地柄を生かして少し食の内容を豊富にしている。上級官人の食が図 27 になる。大宰府では木製容器（笥）が出土しないことや、「高杯」、「那ツ支」（＝菜杯)、「酒坏」と墨書した土器があることなどを考慮したのだが、今にして思えば飯は笥に盛るべきだったし、汁物（羹）の容器は高台付きの杯または椀にするべきだった。個人用の膳に高杯は不要だったろう。大宰帥のような最高位者ではないから、木箸でよいが、木匙も添えるべきだった、と反省している。

高台の付かない杯・皿と箸

高台の付いた杯の出現が箸の普及を明示する。しかし、図25では、高台付き杯Bが出現する飛鳥Ⅲ期以前にも、ほぼ同じないしはやや少ない容量の杯があり、普及はしていないが銅鋺を写した高台の付く椀がある。杯はしだいに平底化していくものの安定性に欠けるが、杯Hが高台付き杯Bに交替することから理解できるように、食器としての機能はおなじであろう。手食には不向きの小形品であることを考えれば、杯を手にもって食べればよいが、それでも箸は必要に思う。

それに記紀に箸にまつわる話が散見されるのも気になる。たとえば、『古事記』は八岐大蛇伝説で著名な須佐之男命が出雲国の肥河（斐伊川）の上流の鳥髪の地に降臨したときに「箸その河より流れ下りき」していたことから異変に気付き、櫛名田比売を助けることになる。また、奈良県桜井市の箸墓古墳は最古の定型化した前方後円墳として知られているが、『日本書紀』崇神天皇十年条に、墓の名前の由来が述べられている。それによると、被葬者は孝霊天皇の娘と伝えられる倭迹迹日百襲姫命で、夫との約束を破った姫が女陰を箸で突いて自殺したことから、その墓を時の人たちは箸墓とよんだという。陰部を突き刺したのだから、この箸は棒状の二本箸でなければなるまい。折箸の出土例はほとんどないし、川を流れ下ったという出雲神話の箸も二本箸であろう。『古事記』は712年、『日本書紀』は720年の成立だから、670年ごろの定着と普及の開始のころの話よりも古い伝えと思われる。杯が5世紀初頭～前半ごろに伝わってきた須恵器のなかに含まれていた新たな形態の容器であること、5世紀の倭の五王が中国南朝の宋（劉宋）と積極的に外交を繰り返していること、さらに523年に没した百済の武寧王陵に青銅製の箸・匙が副葬されていたことなどを考えると、少なくとも5世紀初頭～前半ごろに新羅や百済から箸・匙が伝えられ、一部で食事のとき用いられていた可能性を指摘できる。

つまり須恵器の杯・皿の登場を目安として、箸・匙の登場が考えられよう。

第5章　日本的箸文化の成立

1　中世の箸文化

縦向きに置く宋代の箸

前章で飛鳥・奈良時代の人びとは唐の習慣に学んで飯を手または匙で食べ、箸は副食用であったと推定した。そして下層の人びとを中心に着実に箸のみを用いる箸食が普及しはじめていた。唐代の箸の置き方をみると、絵画資料は箸も匙も横向きに置いている。それを縦向きに置くようになるのはもう少し後のことになるが、その点を中国の箸文化にみておこう。

明代の絵画資料をみると、箸は縦向きに置かれ、匙を欠くことが多くなる。そして縦向きに置く箸の例は宋画を代表する北宋の張択端の「清明上河図」の飲食店や酒店にみられ（図28)、宋代までさかのぼる。山西省高平市開化寺の「善事太子本生故事」と題する宋代の壁画でも箸は縦方向に置かれている。

図28の食卓には縦方向に置かれた箸しかないが、南宋の国都臨安（杭州）の繁盛ぶりを記した『夢梁録』の「麵食店」（さしずめ現在のラーメン屋）の項に、「客が坐につくと、過売が筯をもってきて、客全部の注文をきく」とある情景を思わせ、現代と変わらない。席についた客にボーイ（過売）が箸（筯）と紙を持ってきて注文を聞く情景は、『東京夢華録』にもある。紙は箸を拭くためのものだが、匙はない。

このように、宋代になると匙を欠くようになり、飯を箸で食するようになる。

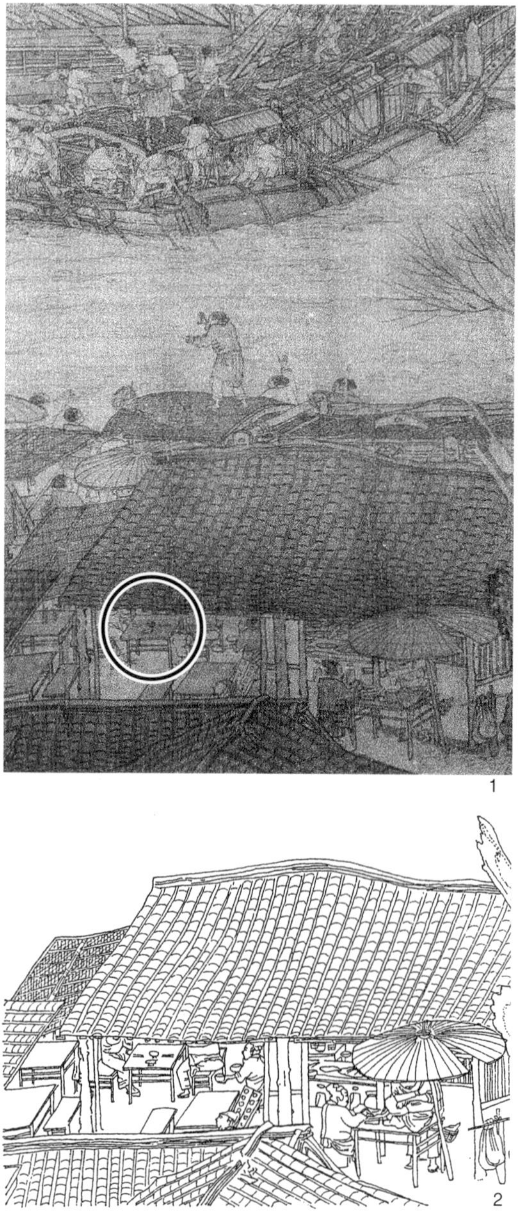

図28　宋代の川辺の飲食店の食卓（『清明上河図』から）

その置き方が横向きから縦向きへ変化するのも宋代のことのようだが、その要因は明らかでない。ただ、唐から北方騎馬民族が中国を席巻した五代十国を経て宋にいたる落差の大きな時代環境に求める、魅力的な張競の論がある（張 1997）。肉を多食する北方騎馬民族は食事に刀（ナイフ）と箸を用いる。ナイフは刃物だから、モンゴル族の風習のように、刃先を身体と反対側、つまり縦向きに置くことになる。ナイフと対をなす箸もいきおい縦向きになったとするのである。実際、モンゴル族やチベット族などの騎馬民族には刀筷または刀筷子とよばれる箸とナイフが組み合わせになった食具が普及しており、モンゴル族と近い習俗をもつ満族が建国した清の宮廷の食卓でも、箸とナイフを縦向きに置くのが正式であった。張競の仮説はまだ証明できないが、向きの変化の要因がいずれであっても、事実として箸は宋代を境に縦向きに置かれるようになり、この段階で匙は中国の食卓の主役の座を滑り落ちていく。

これまで検討してきたことから、手または匙で主食を食べ、箸で副食をつまむという食事法は唐代までのものであり、またそれらを縦向きに置くのは宋代以降であることが、おおむね理解できる。これを参考にし、かつまたナイフを欠くことを考え合わせると、匙で主食を食べ、箸で副食をつまみ、縦向きに置く現代韓国の箸と匙の文化は、唐宋交替期の10世紀あたりで固定化したと考えられよう。

箸食からの匙の脱落

日本では、『延喜式』の「斎院司」の項に「銀箸三具　銀匕二柄　銀箸台二口」「白銅箸四具　白銅匕八柄」など箸と匙が組み合わされており、平安時代にはいっても箸と匙を使用している。1001（長保3）年ごろの作とみられる清少納言の『枕草子』にも「心惹かれるもの……もののうしろ、障子などをへたてて聞いていると、御食事をなさっているのだろうか、箸・匙のふれあっている音がするのが興味深い」という意味の情景描写があって、依然として身分の高い人々は金属の箸と匙を用いていて、清少納言がその触れあう金属音に興味を示している。

しかし奈良時代の記録や9世紀初頭ごろの秋田県中谷地遺跡にみたように、すでに匙の脱落がはじまっている。鎌倉時代に成立したと思われる『厨事類記』の「調備部」には、食事に銀製と木製の箸と匙をそれぞれ一組用意し、銀箸は食前に飯を供えるときに用い、木箸で飯と珍味、銀匙で汁を汲み、木箸で御汁漬をとるとあって、材質で用途を分けている。ここではすでに箸で飯を食べている。

図 29　箸と椀で食事する子供（『信貴山縁起絵巻』から）

12 世紀後半に成立した『信貴山縁起絵巻』には、旅人（弟の消息を尋ねる尼）が来たことを聞いた物見高い男の子が飛び出してくる場面があるが、男の子は左手に食べかけの飯のはいった漆椀を、右手には箸をもっている（図 29）。同じころに作成された『一遍上人絵伝』では乞食にも椀と箸が必需となっており、当麻寺曼荼羅堂の前で乞食が箸で飯を食べている様子が描かれていて、箸で飯を食べる習俗が確立していることを知りうる。

箸の置き方を知ることは難しく、絵巻物などには正式の置き方を確認できる例がほとんどない。ただ 14 世紀の『慕帰絵詞』に描かれた三井寺南滝院の僧浄珍の膳には、箸が横向きに置かれている。

中世の、箸のみを用いて食事をし、箸を横向きに置く習慣は、その後の日本に一貫している。そして匙を欠き、箸のみで食事をする中世日本の習慣は、宋代に通じる。しかしながら箸を横向きに置く方法は唐代の古制を守っている。したがって現代の習俗の起源も、韓国と同様に、唐宋交替期の平安時代末ごろに求められる。

このように、中国からの受容の時期の相違、およびその後に個性をもつ自前の食文化との関わり方が、中国・韓国・日本にみられる箸文化の異質性をもたらしたと思われる。

中世大宰府の箸の考古資料

平安時代末ごろになると、ことに木製の箸は全国各地で普通に出土するようになり、絵画資料や文献で知られ、箸の普及を実証している。

府大寺観世音寺には、中世に、四十九院と称される子院群があった。その一つで、「太宰府旧跡全図」の書き込みから西福寺と考えられる寺跡が発掘調査されている。推定西福寺跡は観世音寺僧房（大房）の西端の北にある。建物群の東側には、谷筋の氾濫で14世紀前半に埋まった園池SG2130があり、その埋土から位牌や卒塔婆などの仏具関係木製品などとともに椀・皿類からなる漆塗容器や杓文字・杓子、そして箸が検出されている（石松 1983）。箸は280本ほどあり、丁寧に成形したものと削りがやや雑なものがある。いずれも小割りにした木片を削っているが、両端を先細りに仕上げた両口箸で、平均の長さは約21.0 cm、太さは0.5 cmほどの大きさになる（図30-1）。

観世音寺および推定子院西福寺の北方谷筋に地名から子院金光寺と推定される礎石建物群があり、発掘調査されている。本尊安置の内陣を思わせる礎石配置のSB1430や開山堂的な三間堂SB1600などの礎石建物6棟からなるが、火葬所や墓地まで備えた規模の大きさから金光寺を含む子院群の集合体の可能性も考えられる。この遺跡では多数の箸が堆積層や排水のための石組み溝など、まんべんなく出土している。ことに、第57次で調査した、この谷筋に子院の創建がはじまる13世紀後半代の土壙SK1470からは、土師器の杯や皿とともに漆塗りの容器・蓋、木蓋や方形の曲物などの木製食膳具をともなうようにして、多数の箸が出土している。いずれも両口箸である（石松 1979）。

なお、推定金光寺跡からは前代からの遺品であろうが、銅製匙が出土してい

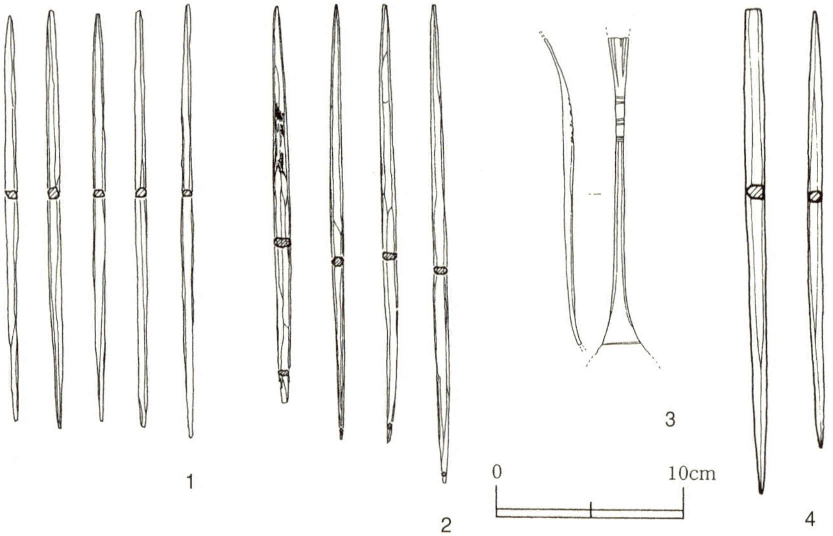

図 30　鎌倉時代の箸と匙

1：太宰府市推定西福寺跡　2：太宰府市五条　3：太宰府市推定金光寺跡　4：広島県草戸千軒町遺跡

る。燕尾部を欠く柄で、匙面に向かって次第に幅広となり、匙面の一部を残している。柄の先端の燕尾状に広がりかけるあたりを線刻で飾っている（図 30-3）。銅の質は良く、佐波理匙の可能性もある（石松 1988）。

大宰府史跡第 33 次調査は、大宰府条坊の右郭 9 坊と 10 坊の境界付近で実施されている（石松 1975）。その境界付近にある幅 5.8 m、深さ 1.2 m のかなり大きな南北溝 SD605 が調査され、「貞應三年」（1224 年）銘の墨書木札などとともに、両端を細く尖らせきれいに削って整形した箸状木製品が約 600 本出土している（図 30-2）。平均長約 23 cm、太さ 0.4 cm をはかる両口箸である。報告では箸状木製品とし、草戸千軒町遺跡の成果を援用して「とめぐし」の可能性を示唆しているが、この調査では鉄鍋や五徳、滑石製石鍋など食に関する遺物も多く、箸と考えている。

推定西福寺跡出土の箸状の木器は、一緒に出土した多数の食器・食具から箸と判断できる。しかし、このような容器類などの食具をともなわずに出土し、箸状木製品として報告される例は慎重な検証が必要になる。それは箸状木製品として報告される例は数千本など多数にのぼることが多く、箸と同じ形をした、桧皮などの屋根に葺く木皮の「とめぐし」などの可能性があるからである。

草戸千軒町遺跡の箸の考古資料

重要文化財に指定されている箸が何件かある。草戸千軒町遺跡から出土した貴重な資料群は 2004 年に重要文化財に指定されているが、このなかにも金属製火箸 5 点があるが、木製の箸は含まれていない。

しかしながら、草戸千軒町遺跡から出土している箸状木製品は数えきれないほど多い。たとえば第 9 次調査のニュースをみると、木製品の項目に「1210 池跡を中心に多量の木製品が出土した。なかでも、長さ 20～30 cm のはし状木製品が最も多く 2 千本以上みられる」と紹介されている（草戸　1973）。はし（箸）状木製品としているのは、「竹を 15～20 cm 間隔にならべてその上に厚さ 2～3 cm にわたりアシまたはヨシを重ねてそれを束ねるように斜めにつきさしているものが発見され」たところから屋根材の「とめぐし」の可能性を考え、また「一方のみを 4～5 cm 残し他をアサの繊維と思われるもので 0.5～1.0 cm の厚さに巻き、それらを 4 本並べたものが発見され」ていて、その状態から「とめぐし」ではなく漆塗りの工具に似ていることから塗師に関係する可能性に思いをはせ、さらに紡錘車の錘の芯棒として繊維を巻き取ったもののように思い、「その長さからして箸の用もなしたであろう」と多様な用途を想定してのことであった（金井　1973）。しかしやがて、理由は明らかでないが、「箸は多量に出土しており、スギ、ヒノキで作られている」というように箸と明記されている。（広島県　1979）。

草戸の箸は多量に出土しているが、計測値はあまり報告されていない。図 30-4 に図示した例は、大きい方が四角い棒を端部に向かって細く削って仕上げている。長さ 24.8 cm、太さ（径）1.0 cm の片口箸である。小さい例は両端が先細りになる両口箸で、長さ22.2 cm、太さ0.6 cmをはかる。未製品として報告されているが、こちらの方が大宰府の箸と形態も長さも共通しており、中世の箸の一般的な特徴といえる。

紙の貴重な時代、排便後には木でお尻に付いた大便の残り物をこそぎ落としていた。その木を籌木という。中世の箸を箸状木製品という理由に、先の草戸千軒町遺跡が指摘した可能性のほかに、籌木説がある。この影響で奈良時代の箸も籌木と疑われることがあった。しかし奈良時代の箸の場合は、藤原京・平城京・大宰府鴻臚館・秋田城など各地で調査された便所遺構から出土する籌木は箸とは別の形をしている。鴻臚館の便所遺構から出土する籌木は使用済みの木簡を再利用していて、薄くて扁平な形になる。他の奈良時代の籌木も形が似ていて、箸とは容易に区別できる。ところが中世のそれには箸の再利用を思わせるものがある。大宰府史跡第33次調査の出土例を報告時に箸と断定せずに箸状木製品としたのは、溝SD605のなかにまとまって捨てられていたが食具との関係が十分でないために、溝に突き出した川屋（厠）での排便の可能性を捨てきれなかったからである。この問題はまだ解決されていないものの、食べ物を口に運ぶ箸と事後処理のための籌木を一緒にするのははばかられるが、形や大きさは一致しているから箸の研究の支障にはならない。

2　箸と匙のある卑弥呼の食卓

箸の普及期

前節までで、日本列島の箸文化の大要を示した。要点をまとめれば、箸の普及には二波があるということである。

第一波は、食膳具に木製の蓋付き曲物容器（笥）・椀・皿、須恵器・土師器の高台付き杯・杯・皿と木製の箸・匙・杓文字が揃う、670年ごろからになる。しかし、その新たな食の光景のはじまりは、おそらくは遣隋使の派遣にはじまる隋唐との交流、さらには百済・新羅との交流に起因すると考えられる。箸と匙の使用と新たな食膳具による食文化が普及しはじめるのが７世紀後半ごろであり、列島の各地にまで新たな食文化に一新されていくことを、各地の考古資料が明確に物語っている。この段階には、箸・匙は横向きに置かれ、手または匙で飯を食し、副食を箸でつまむ食事法が主流になる。熱い汁物の羹は匙ですくわれたとみられるが、庶民のクラスでは箸のみでの食事が主となっている。注意すべきことは、ここでいう第一波は普及のそれであって、杯・皿の出現を目安にすると、箸文化の伝来そのものはさらに大幅にさかのぼりうる可能性をもっている。

第二波は、遣唐使の派遣を中止した後の平安時代末ごろにはじまり、鎌倉時代には乞食にいたるまで箸と椀を使っているように、現在の食事法が浸透している。箸が万能の食具となり、匙は欠落する。ただし横向きに置く箸の置き方は、古制を維持している。

以上は公式の場の宴席や家庭での日常的な食事法で、農作業や旅先などで握り飯を手食する伝統的食事法も維持され、現代に継続している。

このようにまとめたところで、肝心の『魏志』倭人伝の手食に戻ろう。唐やその影響を色濃く受けた新羅、日本でも、おそらくは飯は匙食あるいは手食されていた。ましてや漢魏代の中国では飯を匙食･手食することは当然であって、そのことは手食から度外視される。つまり倭人の手食は副食をも手で食べていたということを意味する。そして､遺跡から出土するチマキや握り飯の存在が､日本の伝統的な非日常時の食事法である握り飯と副食の関係への継続を示唆する。倭国を訪れた魏の使節は、後世の隋の使節と同様に、倭人の家庭内での食事の光景に接する機会はないに等しかったろうから、労働の場における手食を目撃し、報告したと考えられる。

これは、食具に高台が付き体部に丸みと深みのある高台付き杯（椀）が生じ

図 31　卑弥呼の食卓（大阪府立弥生文化博物館所蔵資料）

たことを、箸と匙の存在の指標とすることができる 7 世紀後半ごろの第一波の普及と、箸・匙のなかから匙が脱落し、箸が万能の摂食具となる平安時代末期ごろからの第二波ということになる。しかし、第一波の前に高台は付かないものの同じ器形の杯と皿はあり、箸・匙または箸の使用はさらにさかのぼる可能性がある。

大阪府立弥生文化博物館が復原した豪華な卑弥呼の食卓には箸も匙もない（図 31、大阪府 1995）。はたしてそうだろうか。伊都国に置かれた魏の使節（郡使）の「常に駐まる所」で、使節一行は手食したのであろうか。実際に漢や魏の宴席を体験した倭の外交官がこうしたマナーを見逃すとは考え難い。卑弥呼の食卓にも箸や匙があったのではなかろうか。

3　弥生・古墳時代の箸資料

弥生時代に箸が伝来した可能性

『古代の木製食器』（埋蔵文化財 1996）で調べると、箸または箸状木製品として報告された資料に、弥生時代の例がある。最古の例は福岡県古賀市鹿部東町遺跡の出土例で、実は大学院の博士後期課程時代に責任者として発掘調査した因縁をもっている（佐田・高倉 1973）。ここでは 2 本の箸状木製品が出ている（図 32-1）。ほぼ同じ大きさだが、1 つは長さ 21.8 cm、太さ 1.2〜1.3 cm、やや短いもう片方は長さ 21.3 cm、太さ 1.1〜1.2 cm をはかる。全体に加工の痕跡があり、長い方は先端部から 7〜9 cm の部分を削って先細の片口にしている。長さの割には太めだが、福岡地方で正月を祝う博多雑煮は栗箸で食べ、その箸の形状がこれに近い（図 35）。弥生時代中期前半（城ノ越式期）の包含層第Ⅲ層からの出土だから、紀元前 200 年ごろになる。木製品は同一面に散布していて、同時性がある。図 33 のように箸状木製品のすぐ傍に木製匙、幅 2.1 cm の薄い板を二重に丸く曲げて端を樹皮で縛った底板を欠く直径 11.3 cm の曲物状の容器、少し離れて脚付き容器をともなっている。曲物状容器については発掘調査時から底の浅さが気になっていたが、図 26 の秋田県中谷地遺跡出土の曲物容器の蓋に同じ作りのものがあり、理解できた。身部は残っていないものの、蓋付き曲物容器がすでにあったのである。木製の匙や高杯の脚部もあって、鉢・浅鉢のような食器となる土器を欠いているものの、木製品の組み合わせは 670 年ごろから普及する食膳具を思わせる。東町遺跡の箸状木製品は食膳具としての木製品をともなっている（図 32）ことからみて、おそらく箸であろう。

弥生時代の福岡平野には「漢委奴国王」金印を下賜された奴国があった。その奴国の国津の可能性をもつ福岡市博多区比恵遺跡の 10 号井戸からも箸状木

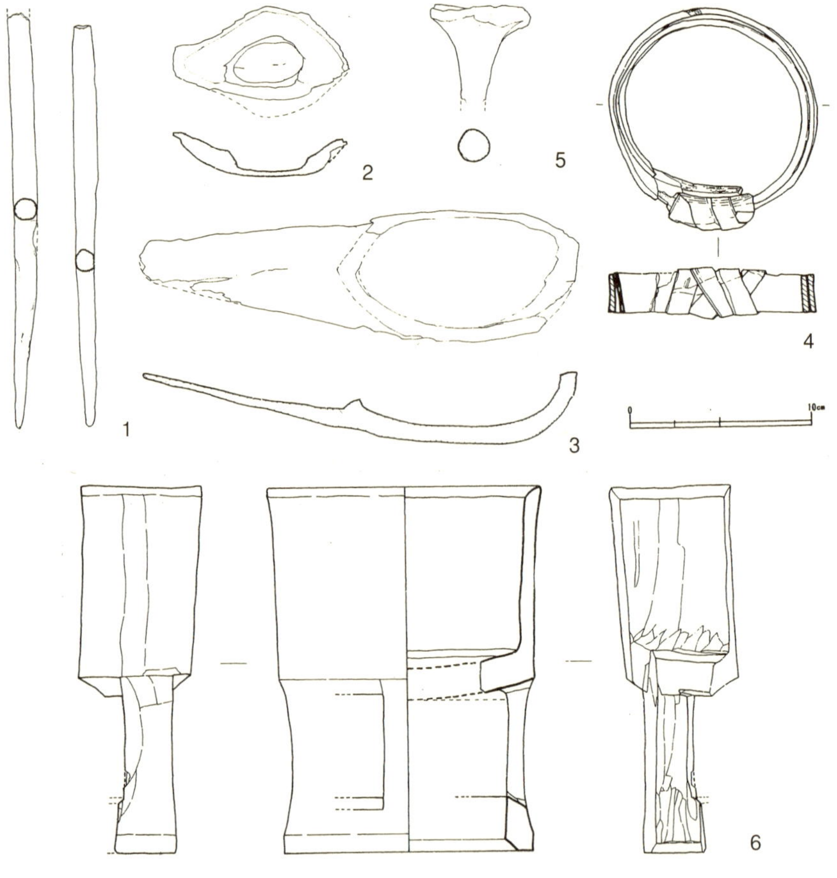

図 32　福岡県古賀市鹿部東町遺跡の箸と木製食器

1：木箸　2：木匙　3：杓子　4：曲物容器（蓋？）　5：高杯脚部　6：脚付容器

製品が出土している（図 34-1）。弥生時代後期中ごろの多量の土器が埋まっていた井戸からの出土だから、箸状木製品がこの時期のものであることは疑いない。報告書には「部分材の片方が尖るように全体を削ったもので、いわば箸状を呈する」とある（杉山 1986）。2 本あり、1 本は首部を欠くが長さ 16 cm ほどになる。他の 1 本も首部と足部を欠いている。いずれも片口箸に近い形を残している。

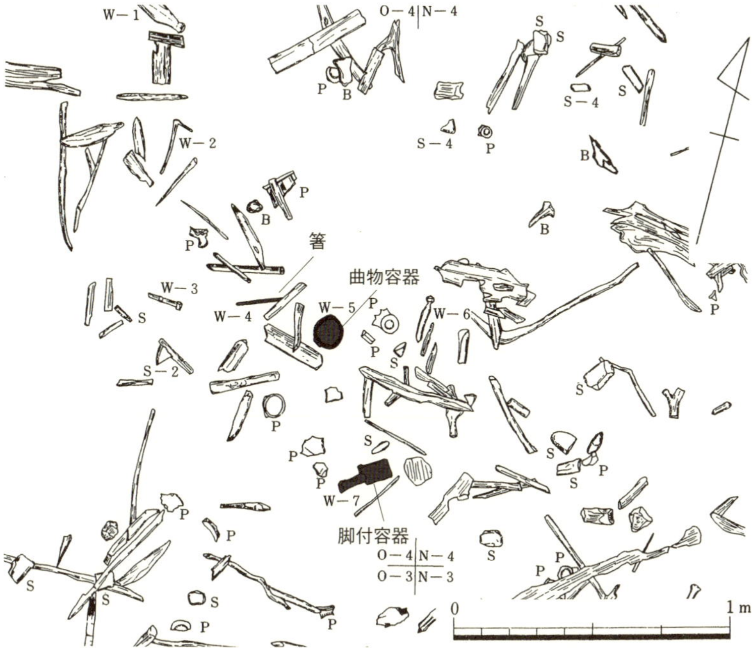

図33　鹿部東町遺跡の木製品の出土状態

図34-2は、福岡市博多区那珂久平遺跡の、『魏志』倭人伝の時期に近い終末期におよばない弥生時代後期の井堰8から出土した箸状木製品で、先が細く仕上げられている。長さ15.6 cmをはかるが、首部が折れているようにもみえるから、もっと長いかもしれない。もっとも太い部分で0.7〜0.8 cmある（力武・大庭 1987)。出土の状態からは箸であることの正否はわからない。

石川県金沢市二口六丁遺跡の、4世紀代の大溝Aから木製匙1・楕円形曲物容器1とともに箸状木製品が2点出土している。器種構成は食膳具であることを示唆しているが、長い方でも10 cmで、箸と断定することはできない。茨城県鹿嶋市の豊郷条里遺跡でも、最古層が古墳時代前期、上層から後期の土器が出土する第1号溝から箸や杓文字などが出土している。箸は2本あり、どちらも棒状に成形され、削りが加えられている。箸とされた根拠はわからない（埋

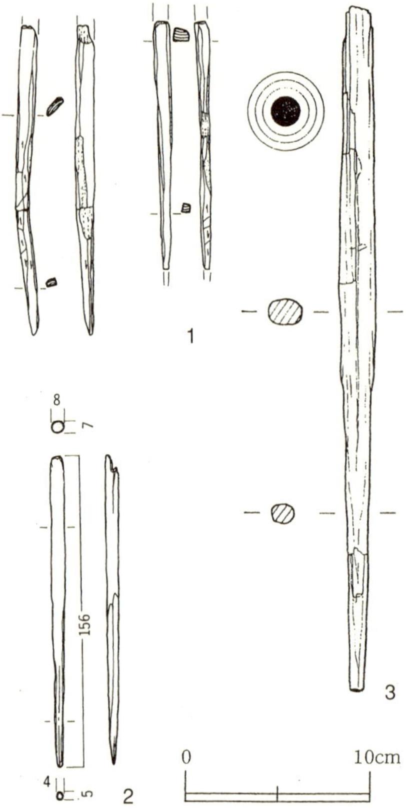

図 34　弥生・古墳時代の箸状木製品
1：福岡市比恵遺跡　2：福岡市那珂久平遺跡
3：奈良県天理市和爾・森本遺跡

蔵文化財 1996)。

奈良県天理市の和爾・森本遺跡で調査された一木を刳り貫きにした井戸 SE02 から、5 世紀中ごろの土師器・須恵器とともに箸状木製品が出土している(中井 1983)。現存長 35.5 cm をはかる（図 34-3）が、もう 1～2 cm ほど長かったろうとされているので、箸であっても食事用ではない。把部の太さは 1.8 cm ほどあって、その頭部から 19.5 cm のところから先端部に向かって細かく削り、先細りに仕上げている。先端部は欠けている。祭事用の箸である可能性をもつ。

これらの例をみると、ことに福岡県古賀市鹿部東町遺跡の食具をともなう箸状木製品は箸の可能性が高く、これに継続する時期の比恵遺跡や那珂久平遺跡の箸状木製品も箸の可能性を高く有している。このほかにも、箸の存在は確認できていないが、たとえば木匙の出土した後期の静岡県登呂遺跡では､建築遺材類に分類されている、2 本の細長い棒が出土している。スケールが正しければ太さはともかく長さが約 35 cm になり、残念ながら食事用の箸ではない（日本考古学協会 1978）が、祭事用の箸の可能性がある。「鋸の発達した今日ではなんら珍とするにはたりないが、斧や〈やりがんな〉だけの工具でしあげたものとしてはその技のいかにすぐれていたかを称えなければならない」と解説されていて、ていねいに作り仕上げられていたことをうかがわせる。登呂と同じ後期の鳥取県青谷町上寺地遺跡から木芯をともなう木製紡錘車が出土しているが、木芯のみをみれば箸と同じ形になる。ここでも木匙が出土している。これらはていねいに削られ仕上げられている。図35にわが家の雑煮の写真を載せているが、福岡地方では博多雑煮とよばれる雑煮を、栗箸で食べる。このためにわが家には栗の木が植えてあり、年末になると枝を切り、食べ口にあたる先端部のみを削って仕上げる。今では家庭で作らなくても、年末になると箸屋の店先に並んでいる。この程度の技術で箸は作れる。

図35　博多雑煮と栗箸

箸の普及は3波ある

ともあれ、ここまでに検討してきた内容から、弥生時代の食の光景には、次の3通りが考えられる。

A　ご飯もおかず（副食）も手づかみで食べていた。

B　主食のご飯は手づかみまたは匙で、副食は箸・匙で食べていた。

C　主食も副食も箸・匙で食べていた。

倭人伝の記述をその通りに解釈したのがAになる。弥生時代の遺跡からおにぎりが出土しているので、米の炊き方は粘り気の少ない中国的な湯取り法ではなく、炊き上がるまで蓋を開けない湯炊き法であったとみられる。この炊き方の広がりを検証したことはないが、糯米ではあるが西南少数民族にみられる炊き込みご飯の竹筒飯や雲南省西双版納で体験した赤飯の大きなおにぎり、そして餅つきの習俗のように、湯炊きしたあるいは蒸した飯がある。これらを菜（副食、おかず）とともに昔は手づかみで食べていた少数民族の人たちもいる。弥生人の習俗は『魏志』倭人伝によれば西南少数民族との近似を思わせる部分があるから、こうした食の光景はありうる。

Bは箸と匙を漢と同じように使っていた可能性を考えた場合になる。弥生時代の箸の存在を推測させる箸状木製品の出土は福岡の鹿部東町遺跡と比恵遺跡、那珂久平遺跡しかないが、弥生時代の木器を多出した石川県小松市八日市地方遺跡をはじめ、弥生時代の各地の遺跡から木匙や土匙の出土が報ぜられている。川崎市市民ミュージアムが復原した弥生の食卓のうち、日常（ケ）では赤米の粥を高杯に盛り、木匙がつけられている（図6）のは、こうした匙の実例の解釈であろう。弥生時代〜古墳時代の木匙・土匙の出土と、日本（倭）が交流をはじめた漢代の中国ではご飯を匙で食べることもあったから、この復原は可能性がある。そうであれば、漢の食の習俗を知っていたことになるから、副食は箸でつまみ、汁物は匙ですくうことになる。それが復原に反映していないのは、箸の出土がほとんど報告されていないからにほかならない。

Cは弥生人が箸と匙でご飯を食べていた可能性だが、後漢代にはすでに箸を使ってご飯を食べていたから、この可能性はある。

大阪府和泉市池上曽根遺跡などで知られてきた中国の四合院様式を模した可能性の高い建物配置、奈良県田原本町唐古・鍵遺跡出土の壺形土器を飾った重層の楼閣建物の絵画（図36）、そして数々の高い文化レベルにある漢代の文物の存在は、かなりの程度の漢文化の伝播を知らしめる。これらの知識を学んだ倭の使節は、漢で宴席を設けてもてなされたであろうが、そこは箸・匙の席だった。今でも卒業式が近づくとナイフとフォークの使い方の講座が開かれる大学があるように、礼儀にもとることになりかねない倭の使節は、真っ先に箸食を

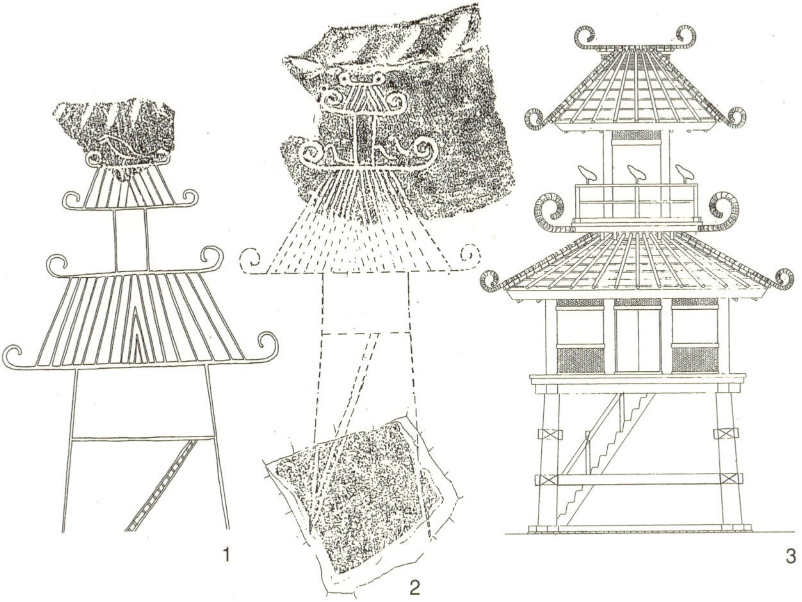

図 36　奈良県田原本町唐古・鍵遺跡出土の土器に描かれた楼閣状建物
1・2：土器に描かれた弥生人の絵　3：復原建物の構造

学習したと思われる。ましてや魏の使節の接待には必需品であったと推測できる。箸は、四合院様式の建物配置などを学んだ使節にとって、倭で再現するのに詳細な記録を必要としないほど、適当な太さの木や竹があれば即座に用意できる簡単な道具にほかならない。まだ不確かだが、鹿部東町遺跡や那珂久平遺跡の例が箸であればＢ・Ｃの可能性が高くなる。同じ福岡県の、木製品を多数出土した福岡市雀居遺跡や筑前町惣利遺跡で木箸が確認されていないことは、後の時代を通じても出土しないが、『延喜式』などで多数の使用が推定できる竹箸、それも細竹の両端を切って揃えただけの簡単な箸が使われていた可能性を考えておく必要があろう。

このように箸が伝来してきた時期を考えると、漢との直接交流を開始する弥生時代中期後半に先駆ける時期の鹿部東町遺跡の箸・匙をともなう木製食膳具の存在から、鉢や椀・皿・高杯などの土器や各種の木製食器が出現する弥生時代の開始期に、水稲耕作の技術とそれにともなう社会や生活様式として伝わってきた新しい文化体系の一環に、箸と匙も含まれていた可能性が生じてくる。これこそが第一波であったろう。考古学は「ない」と判断したら先の見えない学問である。卑弥呼の食卓に箸と匙を揃えることができるよう、これまで箸普及の第一波と考えられてきた7世紀後半ごろに先んじた先駆け的な箸の実物資料の蓄積を目指して、日々の発掘調査にあたっていただきたいと願っている。

第6章　もう一つの箸文化——刀箸文化圏——

1　箸文化の一体感と個性

ベトナム・中国・朝鮮・韓国・日本を主とするアジアの東辺には箸を使って食事する習慣があり、文化的な一体感を醸し出している。もともと箸の使用は中国ではじまり、次第に周辺に広がったもので、現在では中国食・韓国食・日本食などの世界進出にともない箸を使う食事法は世界中におよんでいる。

アジア東辺部の箸を使う食事法は、ナイフとフォークを使い、あるいは直接手を使って食事する習慣をもつ人びとの目には一様にみえると思われるけれども、実際には民族・地域によってさまざまな違いがある。

ご飯茶碗・汁椀・副食用皿が並ぶ日本の食卓で、横向きに置かれた箸は食のすべてを口に運ぶ万能具の役割を果たす。箸ではつかめない汁物は椀を口元に運び、口を付けて吸う。ところが身近な外国である韓国の食卓では箸と匙が縦向きに置かれ、ご飯と汁物は匙で食べ、副食を摂るときに箸を使う。ご飯を箸で食べることはなく、汁物を匙ですくうために食器を動かす必要もないから、食器を持つことは無作法になる。箸と匙（蓮華）を使うことと置き方の方向は中国も同じだが、ご飯・副食ともに箸を用い、椀を持っても無作法ではない。以上を表にまとめると、次のようになる。

	中　国	韓　国	日　本
箸の用途	ご飯と副食の摂取	副食の摂取	ご飯と副食の摂取
匙（蓮華）の有無	有	有	無
箸の置き方	縦	縦	横

中国に源流をもつ箸の文化ではあるが、伝播してからの永い歳月が、上記のような個性をもたらしている。そして、このなかでは韓国の箸と匙の使用法が古来の礼儀にかなっている（高倉 2003）。

このように箸文化は米食にともなうものと考えられてきた。ところが、ご飯を食べるのは手、後には匙であって、本来の目的では箸は米食に関係していなかった。それならば米食をしない一帯に箸文化があってもおかしくない。そして実際にそれはある。それが以下に紹介する刀箸の文化である。

2　刀箸の研究史

刀箸の形態

あまり知られていないが、第1～第5章で述べた箸文化とは異なり、食事に刀箸とよばれる刀（ナイフ）と箸を用いる民族・地域がある。中国では箸のことを筷子あるいは筷とよび、刀箸のことも刀筷子・刀筷ということが多いが、後に紹介する劉雲は著書や主催する陳列館の名称に「箸」を用いており、刀筷子・刀筷も刀箸と表現している。

刀箸は、単に食事に刀と箸を用いるのみならず、双方が一つの鞘に収まるように作られていて、腰に帯びて持ち運べる携帯用食具である。まず実例を図37で紹介しておこう。

1は、木製の鞘に刀と箸が収められていて、全長約33.2 cmをはかる大形の

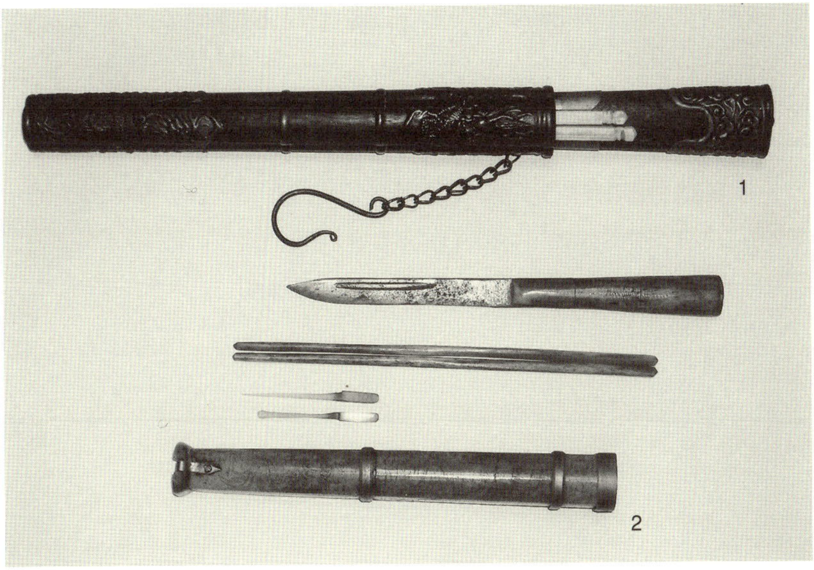

図 37　刀箸の形態と組み合わせ

例である。鞘は長さが 23.4 cm あり、長円形の口部は刀を挿しこむために中を刳り貫き、それに箸を挿すために内側を刳った半長円形の凸状部材を貼りつけている。これらの加工された木材を補強するために、龍文を型押しした真鍮製の締め金具で留めている。鞘口から 1.5 cm のところの円環に鎖をつけ、その先端に鉤をつけて腰に帯びるよう配慮している。これに挿す箸は駱駝骨製で、頭部を角張った擬宝珠状に削っている。全長 26.6 cm をはかり、長い。刃渡り 19.4 cm の刀は鎬の厚さが 4 mm もある頑丈なもので、血流しのための樋をしつらえている。木製の柄は 11.5 cm あり、柄頭を鞘と同じように型押しした文様で飾るが、関部はすべりをよくするために文様はない。形態・刃部からみて生活で実用された刀箸である。

2は、骨製の鞘に、同じ素材の骨で作った箸と柄を骨で飾った刀が挿しこまれている。何の骨かわからないが、駱駝の骨ではなく、ヘラジカやトナカイなどの犴骨と表現される種類の鹿類の骨と思われる。全長は 27.2 cm で1にくらべて一回り小さい。鞘は長さ 18.9 cm をはかる。全体を真鍮で成型し、表裏に骨材を当て、横の隙間を細い骨材で埋め、鞘尻をやはり骨で塞いでいる。それらを真鍮製の締め金具で留め、骨製鞘に仕上げている。全面を細かに毛彫りした龍文で飾る。口部から 1.5 cm 下に円環があり、1 と同様に鎖と鉤で腰に帯びたのであろう。鞘の裏側には細長い孔が彫られ、同じ骨製の楊枝と耳掻きがそれぞれ 1 本収められている。箸の長さは 19.0 cm と短く、頭部を角錐状に削っている。刀は刃渡り 10.2 cm で、柄部を骨で挟んでいる。全長でも 19.6 cm しかなく、果物ナイフを思わせる大きさである。1 が実用的であったのに対し、2 は装飾品的な雰囲気がある。

これら 2 例は内蒙古自治区呼倫貝爾市で収集したが、蒙古刀筷と説明されたので、モンゴル（蒙古）族の刀箸と判断している。

刀箸の研究史

このように刀箸を理解したところで、まずその研究の歴史を紹介したいが、諸書の片隅に簡単に紹介されている程度で専論はない。そこでそれらのなかで比較的詳しく紹介されている書物の関係部分を抜粋してみよう。

箸文化の研究に大きな足跡を残した一色八郎は、その著『箸の文化史』に「世界の箸」の一項を設けてモンゴル族の刀箸を「蒙古刀」として紹介している（一色 1990)。やや長いが、刀箸のイメージがここから生じているので引用しておく。

> モンゴル人民共和国（外蒙古）と内蒙古自治区では、草原で生活する遊牧民は、天幕（説明略）というテント式住居に住んでいる。彼らが身につけているナイフ（ホタクッ）の鞘（ヘト）には、箸（サバハ）がセットになっている。これは羊を屠ったときは骨付で料理し、肉はナイフで削ぐ要領で切り、ナイフに肉を乗せたまま口に運ぶ。また刺身を切るようなリズムで切って食べるので、このナイフを「処分刀」ともいう。
>
> 食事中ナイフの先を相手に向けて出すことは禁止事項で、宗教的な意味

> はないが、日本でいう「嫌い箸」の一つとされ、モンゴルの人はこれをとてもいやがるとされている。
>
> このナイフと箸を納めた鞘は、細工を凝らし宝石を散りばめた豪華なものが多い。箸は象牙や骨や銀製であり、細かな彫り物がついているものもある。

この著書を一般向きにした『箸（はし）』という文庫本も刊行されている（一色 1991）。その両著の写真の説明で刀箸を「蒙古刀」と表現している。蒙古刀とする例は向井由紀子・橋本慶子の説明（向井・橋本 2001）にもあるので、紹介しておこう。

> 中国の北辺の内モンゴルでは、男たちは蒙古刀（ホトガ）の鞘にセットされた、箸先が金属製の箸を持っている。このセットには楊枝が三本も納められたものもある。しかし、モンゴルのホトガには刀だけで箸はついていない。ここでは、特別の行事などで羊を屠った時は骨付きのまま料理し小刀で切って食べ、貴重なビタミン源として摂る磚茶は小刀で削って食べるか、煎じて飲む。羊の乳はチーズやバターにして、中国との交易によって得られた穀類は団子や煎餅状に作り、手で持って食べる。麺類を食べる時には箸を用いる。

一色や向井・橋本の説明を読むと、蒙古刀（刀箸）は日常生活の食卓で用いられているとも読み取れる。2002年夏の内蒙古自治区での私自身の体験では、食卓にはナイフと箸が置かれていたが、ナイフと箸が鞘にセットされているわけではなく、鞘そのものがなかった。ナイフと箸は別々に用意されており、向井・橋本のいうモンゴルのホトガはこの状況を指すと思われる。通遼での食事の際に老村長に刀箸のことを聞いたところ、昔は使っていたと答えていたが、それが日常の食卓かどうかはわからない。このとき私は、茹で上がって熱い羊肉の塊を箸で押さえて刀で切り分け、小片となった肉を箸で口に運んだが、村長はそれが刀箸の使い方だといっていた。モンゴル族の生活誌をまとめた野沢延行が、1990年ごろでも、刀箸は一家に一つくらいはあるものの、購入することすら難しいと紹介している（野沢 1991）ように、現代の日常生活ではわざわざ刀箸を用意する必然性は弱い。ナイフと箸を別々に用意していたほうが楽だからである。

中国の著作で刀箸にふれたものをみると、一色や向井・橋本と同様に刀箸を蒙古刀とよんでいる例がある。モンゴル族の研究者である納日碧力戈は、モンゴル族が騎乗して外出するときに腰に帯びる用具の一つとして蒙古刀を挙げ、次のように説明している（納日碧力戈 1997）。金縄初美の協力で訳してみると、

> 蒙古刀は青年男子の重要な工作具兼装飾品であり、ただ肉を食べるときに用いるばかりでなく、男子の重要な体育娯楽活動である狩猟にも用いる。蒙古刀には手の込んだ細工をされた鞘があり、人びとは常に柄のついた刀と一組の箸（駱駝の骨や象牙で作られた箸）を鞘に収めている。鞘には精巧で綺麗な文様や図案がほどこされている。鞘には刺繍用の絹糸で房飾りのように編まれた“套海”（銀や銅のような金属で房を締めている）を掛ける。出かけるときはいつも“套海”で飾られた蒙古刀を右側の腰帯に差している。蒙古刀はモンゴル族男子の屈強で勇敢な性格を体現している。

となる。このように一つの鞘に箸を常備した刀をモンゴル族自らが蒙古刀とよぶのだから、それがモンゴル族における正式名称であることは疑いない。にもかかわらず、博物館の展示や著作の引用の多くで蒙古刀とよばれることはなく、一般に刀筷・刀箸とされている。それに、後述するようにこの種の刀と箸はモンゴル族固有のものではないから蒙古刀の名称は不適切であるし、刀と箸が組み合わされているという特徴も伝わらない。遼寧省大連市で中国箸文化陳列館を主宰し、箸研究を先導している劉雲は、蒙古刀の名称を用いることはなく、刀箸と定義している。そこで本稿でも劉にしたがって刀箸の用語を用いることにする。その劉は主に第12章の「箸文化在蒙古、東南亜」で刀箸を次のように紹介している（劉 1996）。

モンゴル人民共和国と中国のモンゴル人は同種で、遊牧生活を主とし、携帯と食事の便宜のために、今にいたるまで彼らは皆好んで箸と刀（ナイフ）がセットになった食具を用いる。牧畜民たちは身体に帯び携帯していて（動物の）解体用の刀の鞘に箸を備えている。男性は腰に帯びた刀で羊を屠り、食事のときにも羊肉を骨から削り取ったり、切ったりする。食事のときには、箸で肉を口まで運んでほおばるが、刀の先で肉を口まで運んでほおばることもある。女性が用いる刀はおおむね肉を切るのにだけ用い、箸で肉を口元まで運ぶ。子供も刀箸を使うが、その刀箸は少し小さくて軽く、使いやすい。

モンゴル人の刀と箸を収める鞘は大変精緻で、昔の貴族が使ったところの鞘は白銀、珊瑚、象牙などで飾られ、細やかに加工したサファイアを嵌め込まれたものもあり、さらにカラフルな紐や帯、さらには装飾を凝らした火打石（火鐮とあるので火打金の意味となるが、実例からみて、火打石と訳しておく）で飾られたものもあり、非常に豪華である。箸は一般には象牙で作られるが、銀をあしらった象牙箸や白銀箸、さらには黒檀や赤木で作られた箸もある。

一般の牧畜民が使う箸の大多数はノロシカ、駱駝、四不像（鹿に似た奇獣とされ、角をもつ雄の頭部は鹿、脚［蹄］は牛、尾［身体］はロバ、首は駱駝にそれぞれ似ていながら、全体にはどれにも似ていないことからこの名がある。実際には馴鹿［トナカイ］を指すことが多い）の骨やその他の獣骨で作られているが、蘆葦の茎を使った箸もある。装飾された刀箸を収める鞘の多くは木製で、白銅片を嵌め込んだものや、獣皮などで簡単に飾っているものがある。

モンゴル人の箸にもいくつもの禁忌があり、食事のときに刀の切っ先を相手に向けたり、椀の上に箸を横向きに置くとか、箸で人を指すなどのことは礼儀作法にもとる行為とみなされている。

以上、長文にわたり引用した4書に共通するのは、刀箸をモンゴル族に特徴的なものとみなしていることで、日常の食事に加えて、家畜（羊）の解体に使うという用途が述べられている。しかし動物の解体に刀が必要なことはわかるが、なぜ箸も必要なのであろうか。それには4書とも答えていない。ところで、劉雲は具体的な説明をしていないものの、オロチョン（鄂倫春）族の刀箸の写真を載せており（劉 1996）、モンゴル族以外にも刀箸を使用する民族がいるという点で、注目に値する。

黒龍江省西部から内蒙古自治区北部にかけて南北にのびる大興安嶺一帯に住むオロチョン族が刀箸を使用する場面をNHKが「秘境興安嶺をゆく」（1988年8月20日）で放映したことがある。狩猟のために簡単なテントで野営をする彼らは、夕食をはじめるにあたって木の枝を刀（ナイフ）で削って即席の箸を作り、それで椀に盛られた酒を払って周りを清め、火の神、さらに天・地・太陽・月・馬などの神に感謝の祈りをささげる。その後に食べはじめるが、このときに使われた箸は使い込まれた淡い飴色の骨製箸だった。肉を食べるときは、歯と手で肉塊を伸ばし、口元近くまで運び器用に刀で切っている。木を削り食事に使った刀は、狩りで倒した獲物の解体にも使われる。重さ300 kgもあるヘラジカのような大型獣は、そのままでは重くて運べないために、小さな肉塊に解体する。このように刀は獲物の解体、食事から木の細工まで幅広く使われ、箸は食事に用いる。狩りの場面では、刀箸は腰の右斜め後ろに吊られている。脇差のように腰帯に差す例もある（萩原 1989）。ともあれ、野営地では身の回りの小物などの管理は自己責任になり、腰に吊り下げるだけで携帯に便利な刀箸はその目的に合致する。

この事例から、モンゴル族の刀箸も遊牧生活に適応した狩猟用および家畜解体用のものであるとみなされる。そして遊牧中であっても天幕（包）で一時的に滞留するような場合には、羊などの解体には刀箸は用いずとも料理用の鋭利な庖丁で十分だから、刀箸の本義は狩猟用携帯具であろう。日常の食事にはナイフと箸を用意すれば事足りるから、定住生活の普及とともに刀箸は今後次第に使われなくなっていくと思われる。

3　刀箸の実例と使用民族の分布

東北部の諸民族と刀箸

以上のような諸書の記述によって、オロチョン族の例はあるものの、刀箸がモンゴル族の特徴的な食具とみなされていることは理解できる。しかしこれは誤りではないが、不十分な理解にすぎない。

私は2002年7・8月に交換研究員として中国吉林省長春市の吉林大学に滞在したおりに、中国東北部の各地の博物館を見学し、刀箸に関心をもって資料を収集した。実例の紹介を兼ねて以下にまとめておこう。

【内蒙古自治区】

このおりの資料収集で最初に刀箸を見たのは長春の西方にある通遼市でのことだった。博物館見学の余裕はなかったが、市内の土産店でモンゴル族の刀箸を収集した。記念品ではあるが、刀の柄は駱駝の骨を板状に加工して挟み、切り金細工をした錫で柄頭部を飾っている。箸も駱駝の骨製で、刀とともにやはり切り金細工で飾った駱駝の骨製の鞘に収められていた。

自治区の北端に近くロシアと国境を接する呼倫貝爾市は、その草原一帯を、モンゴル民族発祥の地と称している。蒙古の民族名は『旧唐書』の「蒙兀室韋」が最古とされている。蒙兀室韋は『旧唐書』北狄伝室韋条に

　大山之北有大室韋部落、其部落傍望建河居、其河源出突厥東北倶輸泊、屈曲東流経西室韋界、又東経大室韋界、又東経蒙兀室韋之北落俎室韋之南、又東流與那河忽汗河合

とある。『新唐書』北狄伝室韋条では

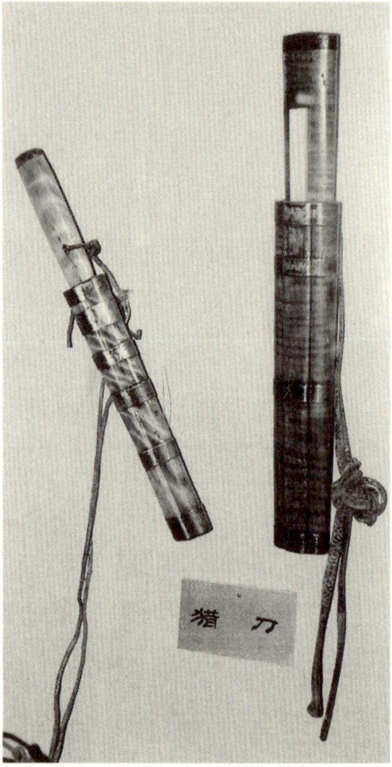

図 38　エヴェンキ族の刀箸（内蒙古自治区鄂温克博物館にて）

北有大山、山外曰大室韋、瀕於室建河、
河出倶倫池而東、河南有蒙瓦部

というように、蒙瓦となっている。なお、ここでいう「室韋」は民族・種族の名称で、現代のモンゴル族・満族・オロチョン族・エヴェンキ族・シボ族・ホジェン族がその後裔と考えられているが、モンゴル族以外はツングース語群の民族であるという共通項をもっている。ともあれ、蒙兀室韋が望建河（今の額爾古納河）流域に住んでいたことが発祥の地の論拠となっている。そのモンゴル族発祥の地にある呼倫貝爾市民族博物館にはモンゴル族の刀箸が展示されており、特別に見学させていただいた翌日から開催される游猟游牧民族民俗文化展にも、オロチョン族の南西一帯に住むエヴェンキ（鄂温克）族の、刃幅が広く頑丈な作りの刀をともなう狩猟用の刀箸２点があった。なお、博物館内のミュージアムショップで土産用の刀箸を売っていた。

呼倫貝爾市内にはエヴェンキ族の自治県があり、鄂温克博物館がある。見学したところ、ここにもエヴェンキ族の狩猟用の刀箸２点が展示されていた。猟刀すなわち狩猟用の刀と表示されているが、鞘に収められていて刀を見ることはできなかった。図 38 の手前の例の鞘幅や柄幅から想起されるように、刃幅の広い頑丈な作りの刀であろうと思われる。ただ、呼倫貝爾市民族博物館で見たエヴェンキ族の猟刀（刀箸）にくらべ、やや華美さがある。

ところで呼倫貝爾市は同地で 2002 年 8 月に開催された「中国北方游牧民族揺籃学術研討会」に参加するために訪れた。ここでは内蒙古自治区文物考古研究所の塔拉副所長に大変お世話になったが、氏の紹介で、研討会の懇親会で同席したダフール（達斡爾）族の研究者と話をする機会があった。オロチョン族の南、エヴェンキ族の東に居住の中心があるダフール族の刀箸についてうかがったところ、モンゴル族のものと同じ形態だが、大型獣を狩猟したときの解体用にも使えるように刃の幅が広いとのことだった。実物を確認したわけではないが、モンゴル族の刀箸の写真を見せて、これと同じ物を使用するかという質問への答えであるから、ダフール族の刀箸の使用は確実といえる。『中国諸民族服飾図鑑』（王 1991）に、小刀を腰の左斜め前に差したダフール族の男性像が描かれているが、確認できないものの、刀箸であろう。

【黒龍江省】

哈爾濱市の黒龍江省民族博物館には、黒龍江省に住む少数民族の生活用具や衣服などを展示する民族文物陳列展覧があり、ここにモンゴル族・オロチョン族およびホジェン（赫哲）族の刀箸が展示されていた。

モンゴル族の刀箸は懐中刀筷と表示され、骨製の柄をもつ刀と同じ素材の箸が鞘に収められていた（図 39-1）。鞘の細工は巧みで、有力者のものと思われた。

オロチョン族の刀箸は犴骨筷子と説明された骨製の箸 2 点とともに展示されていたが、飾り気のない木製の鞘に刀と箸が収められている（図 39-2）。骨箸の「犴」はヤマイヌ、ノライヌを指すこともあるが、駝鹿すなわちヘラジカ（オオジカ）を意味することが多い。この場合は、地域的にみて、ヘラジカ（オオジカ）であろう。

ホジェン族のものは 2 点あった（図 39-3）。奥の 1 点は木製の鞘にやはり木製の柄をもつ刀と骨製の箸を収めている。刀は柄部の横幅からみて猟刀の名にふさわしく刃幅が広い。鞘は獣皮で覆われているが、その無骨さはこの刀箸が狩猟で実用されたことを物語っている。手前の 1 点は箸を欠いているが、木質部のみの飾り気のない猟刀であった。ホジェン族の刀箸は、『消滅する危機に

図 39　モンゴル族・オロチョン族・ホジェン族の刀箸（黒龍江省民族博物館にて）

瀕した中国少数民族の言語と文化』（于 2005）に、前腹部に刀箸を吊るした男性の写真があり、使用を確認できる。

同じハルピン市の黒龍江省博物館の民族文物展示に清代の満族が用いた刀箸が展示されていた。時期を明示して刀箸を展示していたのはここだけであった。

ホジェン族は黒龍江省の東北端部に住む民族で、これから西に満族、さらにオロチョン族・エヴェンキ族・ダフール族が分布し、さらにモンゴル族に続く。つまり黒龍江省東北端部のホジェン族から内蒙古自治区のモンゴル族まで、刀箸の分布圏が帯状に広がることを確認できる。しかも満族・オロチョン族・エヴェンキ族・ホジェン族はツングース語族でモンゴル語族のモンゴル族とは言語の系統を異にするが、これらすべてが古代に室韋として同一民族視されていたことは、大いに注目すべきであろう。

【吉林省】

長春近郊の伊通県にある伊通満族自治県民俗館で、基本展示の満族文物陳列に刀箸が展示されていたが、食具として洗練された形態であった。吉林省で満族の刀箸の展示を見たのはここだけだったが、中国の最後の王朝である清朝は満族が興したものだけに、ほかに例は多数ある。

このときに実見し、また確実な聞き取り情報で得た刀箸を使用する民族は、以上をまとめるだけでもモンゴル（蒙古）族・満族・エヴェンキ（鄂温克）族・オロチョン（鄂倫春）族・ダフール（達斡爾）族・ホジェン（赫哲）族の6民族に及び、広範な分布圏をもつモンゴル族を除けば、中国東北部に集中している。

チベット族

しかし実際には、刀箸は中国の西部に住むチベット（蔵）族の間でも使われている。その形態はモンゴル族などの東北部の諸民族のそれと変わらない。たとえば、上海博物館の中国少数民族工芸館に3点の刀箸が展示されているが、

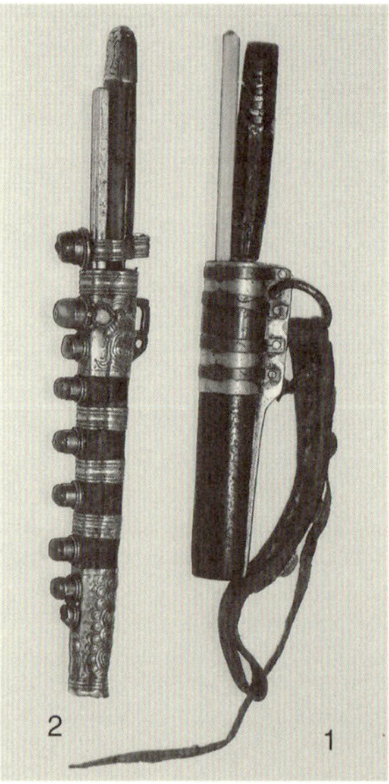

図 40　チベット族の刀箸

玉製の鞘に玉で飾られた柄をもつ刀と箸からなる蒙古族玉鞘餐刀とともに、鮫皮で覆われた木製の鞘を切り金細工で飾り、象牙をあしらった刀と象牙箸からなる蔵族鏨花鯊魚皮鞘餐刀と、切り金細工で締められた木製の鞘に同様の細工で柄頭部を飾った刀と象牙箸を収める蔵族鏨花木鞘餐刀の、2 点のチベット族の刀箸がある。

この 2 点は上海博物館の展示資料にふさわしい洗練された装飾性に優れたものだが、一般に用いられるチベット族の刀箸はもっと実用的で土くさい。図 40 に例を示すが、全長 23.0 cm のやや小形の 1 は、金属で成型し銀・銅・真鍮製の帯板で締めた鞘に木製の柄をもつ刀、象牙製の箸を収めている。鞘の長さは 13.5 cm で、金属で成型した後に、内側に木材を挿しこんで刀と箸を収める部位を分けている。刀を挿しこむ部分の外側の足に円環を取りつけ、そこに皮製の下げ緒をつけて腰に吊り下げられるようにしている。刃渡りが 10.7 cm と短い刀は鎬の厚さが 5 mm もあって鋭い切れ味をもっている。柄部は木製で、柄頭部に金属を象嵌して飾っている。象牙の箸は 22.3 cm あり、他とのバランスからすると長い。4 種の金属の使い分けや柄頭部の象嵌など装飾性がないわけではないが、実用一点張りの武骨な刀箸である。

これに対して全長 28.1 cm の 2 はていねいに作られている。長さ 17.6 cm の鞘は木材を組み合わせて全体の形を整え、それを獣皮で覆い、さらに銀製の締め金具で留めている。表側にあたる箸挿入部の外には、獣皮の上に山珊瑚と緑色の石をあしらった銀板が縦方向に貼られていて、これも金具で締められている。締め金具および山珊瑚などの飾り板の台部は型押しされた渦文状の文様がみられる。刀は 1 と同様に刃渡り 11.8 cm と短いが、厚さはやはり 5 mm ある。柄部は獣骨製の板材で挟まれ、柄頭部に型押し文で飾られた銀製の金具をかぶせている。刀を鞘に収めきれないため、山珊瑚で飾った別作りのつなぎの環を挟んでいるが、山珊瑚の位置が鞘のそれとは反対側にきている。山珊瑚での装飾はチベット族の刀箸の特徴でもある。箸は錫製で軽い。長さ 17.5 cm で、断面正方形になる頭部の 4 面に鶴などの同じ文様を繰り返し打ち込んでいる。バランスからみて後補されたものであろう。1 よりも装飾性があるが、やはり実用品である。

私は刀箸の実物資料の収集のため、長春や北京・上海などで古玩市場（骨董市場）を訪れたが、ここには清朝（満族）・モンゴル族とともにチベット族の刀箸が多く売られていた。中国東北部を遠く離れたチベット自治区を中心に、中国西部の広い範囲に分布圏をもつチベット族も刀箸を使用しているのである。またネパールの山岳少数民族のものという刀箸をネパール土産専門店で購入したことがある。店主には使用した民族の名前まではわからなかったが、店の性格と文化的・距離的なチベットとの親近性から出所を疑う必要はあるまい。

刀箸の分布

このように中国東北部 6 民族と西部のチベット族およびネパールで刀箸の使用を確認できる。劉雲は先の書の第 10 章の少数民族の「飲食、礼俗、民間文芸与箸」で刀（ナイフ）・箸・手を食事に用いる民族としてオロチョン族・ホジェン族を挙げ、さらに主に手食であるが刀・箸でそれを補う民族としてモンゴル族・満族・エヴェンキ族・ダフール族・チベット族のほかにメンパ（門巴）族・ロッパ（珞巴）族・ユーグ（裕固）族・トゥー（土）族・シボ（錫伯）族を挙げている（劉 1996）。シボ族は刀箸の使用を確認できる満族・エヴェンキ族・オロチョン族・ホジェン族とともにツングース語群の民族で、かつては大興安嶺一帯で狩猟・漁撈・農耕に従事し、室韋として同族視されていた歴史をもっ

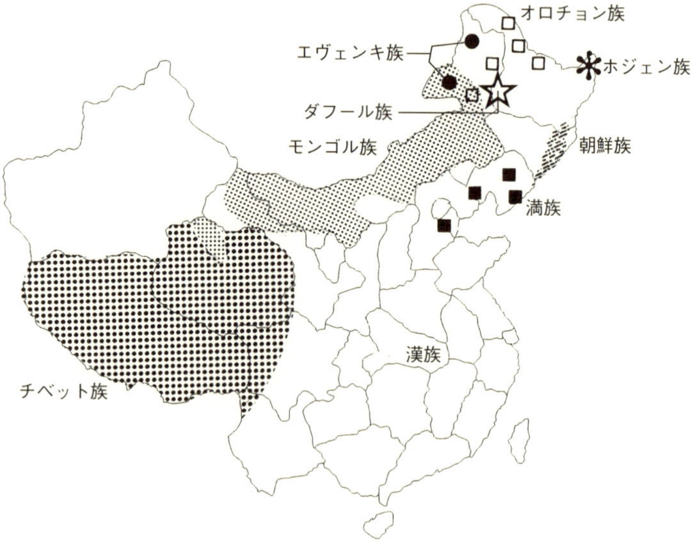

図 41　刀箸使用民族の分布（中国内部）

ている。トゥー族はモンゴル族と区別するため察罕蒙古爾と自称しており、現在ではチベット語・文字を使用するなど、モンゴル族とチベット族の特色を兼ね備えている。こうした事実を考慮すると、さらに刀箸使用民族が増加する可能性がある。刀箸の使用を確認できた 7 民族に限って分布をみると 2ヵ所に分離している感があるが、分布圏の広いモンゴル族とチベット族を介在させると、図 41 のように、漢族分布圏の外縁に接して帯状に分布していること、そしてそこは米食ではなく粉食・肉食地帯であることが理解できる。モンゴル族・チベット族と同様の食習慣をもつとされるメンパ族ほかの刀箸の実用を確認できていない民族の分布もここにある。なお、モンゴル族、チベット族をはじめ、中国に隣り合うロシアやモンゴルなどに民族の分布が広がる例があり、モンゴル国におけるモンゴル族の例を除いて確認できていないが、そこでの刀箸の使用は当然考えられることである。

※2011 年 8 月に新疆維吾尔自治区烏魯木斉市の新疆博物館でシボ（錫伯）族の刀箸を確認。

4　刀箸の使用開始に関して──李朝の粧刀──

前節で述べた刀箸は、先述の黒龍江省博物館所蔵例や、劉雲が紹介する内蒙古自治区博物館所蔵の錫林郭盟収集の龍文蒙古族刀箸・嵌宝石刀箸などの清代の例が残っているものの、使用の開始期はわかっていない。これまでに開始期が論ぜられたこともないが、わずかに張競が唐と宋の交替する時期に食生活の様式に大きな変化が起こったこと、その一環としてそれまで横向きに置かれていた箸を縦向きに置くようになったことを指摘し（張 1997）、使用時期の古さを示唆しているくらいである。この箸の置き方の変化については私も張と同じ時期観をもっている（高倉 2003）。私には置き方を変化させる要因がわからなかったが、張は唐と宋の交替期にあった五代十国とよばれる北方少数民族の王朝に着目する。彼らは牧畜に従事し、肉食をしていたから、食事に刀（ナイフ）を用いる。刀の切っ先を自分に向けると怪我の元になるから、西洋料理のナイフとフォークのように刀を縦に置くようになり、箸も刀に揃えて縦に置くようになったと張は推測する。現在のモンゴル族がナイフの切っ先を相手に向けることを嫌っていることに矛盾するが、魅力的な見解であると思っている。時期的には10世紀前半ということになるが、論拠となる文献・考古・民俗などの資料を欠いている。この張の見解が成立すると仮定しても、それはナイフとしての刀と箸であって、両者が同じ鞘に収納される刀箸とはまだ距離がある。

ところで、室韋とよばれたモンゴル族とツングース語群の民族に刀箸が共通することは重要である。室韋の韋はなめし革を意味する。そこに、毛皮を求めての狩猟を生業の一つとする室韋にとって刀箸は必需品であったろうし、そしてこれらの諸民族に基層文化として受け継がれる構成要素の一つであった可能性が強く示されている。しかしながらこれらの資料のみでは開始期を推定する

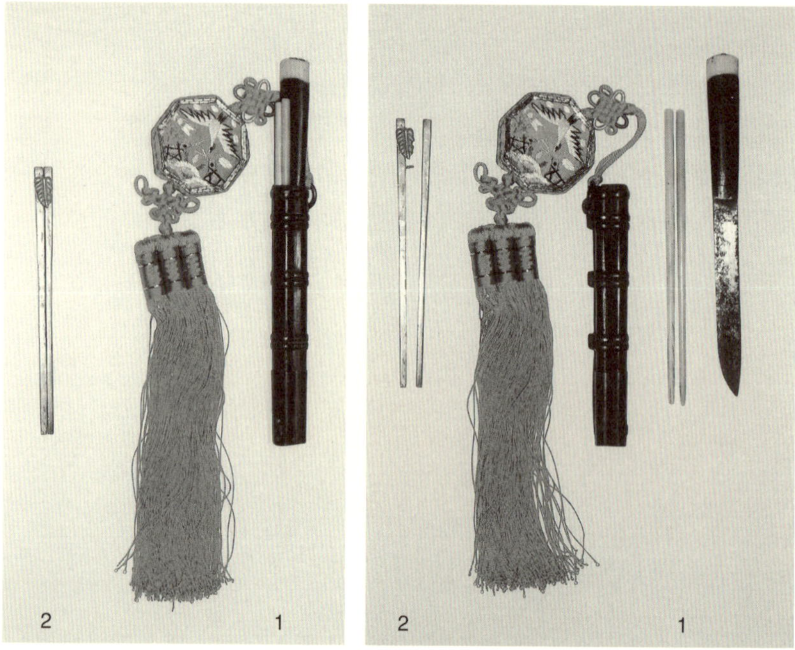

図 42　李朝の粧刀

左：セットされた状態　右：組み合わせの状態

にはいたらない。そこで視点を改めて別の角度から考えてみることにする。

韓国ソウル市の国立民俗博物館に、女性の装身具の一つとしての粧刀が多数展示されている。これには、刀箸とまったく同じ形態で小形化した一群と、刀箸から箸が脱落した小刀が鞘に収められたのみの形態の一群がある。後者の形のものは今でも市内の土産品店で売っている。そこでまず実例（図 42）を検討しておこう。

1 は全長 18.9 cm の短小な刀箸で、図 37-1 に示したモンゴル族のそれによく似た形態をしている。木製の鞘は刀を収める部分の外側に凸状の箸挿入部を設けており、全体を真鍮で締めている。長さ 12.6 cm。鞘口の少し下に付けた円環は、他例からみておそらくは飾りのノリゲを垂らすためのものであろう。刀は刃渡り 8.9 cm、全長 17.0 cm で、木製の柄の頭部に象牙を嵌め、鞘頂部に飾り金具をあしらっている。箸は象牙製で、14.6 cm と短い。なお、ノリゲとよばれる垂れ房は韓国の国立民俗博物館の諸例にならって筆者が付けたものだが、胸元に挟んだ刀箸から垂れ下がって衣裳を引き立たせている。

1は木製鞘、象牙で飾られた木製柄の刀、象牙箸からなるが、粧刀は銀粧刀ともいわれる（伊藤・大村 1986）ように、大多数は鞘、刀柄部の飾り、箸が銀で作られている。2はそうした銀製箸の一例で、12.8 cm と短い。片方の頭部に木の葉を象った飾りを付け、一対の箸を離すと一方に針状の突起、他方にそれを受ける孔を空け、身につけたときに歩行などの振動で動かないようにする工夫がされている。粧刀の銀製箸の多くには木の葉や海老などの飾り、針状突起と受けの孔がある。これによって一組の箸の動きは止まり安定するが、肝心の箸としての使用を不便にしている。

そこで、李朝の粧刀の用途が問題になる。実際、『朝鮮を知る事典』（伊藤・大村 1986）では、粧刀・銀粧刀は「化粧」の項目で解説されている。粧刀というからには、産毛を剃るためといった化粧と関連するのではと思われるが、用途は明らかでない。これについても専論がないので、参考までに一色八郎の解説（一色 1990）を紹介すると、

> 一三九二～一九一〇年（李朝）時代には「粧刀」があり、金属製の小型（全長約一六センチメートル）鞘に、刀と箸がセットされ、それぞれに模様が彫りこまれている。これは実用というより女たちの装飾品と思われるが、古くは、内乱の際この懐刀で敵に立ち向かい、あるいは自刃したとある。

というように、古くは女性の身を守る武器として、あるいは敵からの凌辱を避け貞節を守るための自殺用の機能をもっていたが、現在では装身具となっているとしている。「自刃したとある」というように確証はないらしく、尹瑞石も「公認された話ではないが」と断りながら同じ主旨の説明をしている（尹 2005）。しかも、粧刀の実例の多くにともなう銀製の箸の説明が欠けている。箸に造詣

の深い劉雲も粧刀にふれているが、一色八郎の著書を参考にしたのであろうか、一色とほぼ同様のことをいっている（劉 1996）。その性格を実用品および装飾品としているが、実用品の意味は一色のいう身を守るために「敵に立ち向か」うということの踏襲であろう。ともあれ、箸の専門家である一色や劉が箸の性格にふれないのは奇異としかいいようがない。

モンゴル族・チベット族などの諸民族の刀箸との形態の一致、装飾品では説明できない箸の存在に関心を抱いた筆者は、ソウルの国立民俗博物館で粧刀を見学したおりに、粧刀の性格を尋ねたところ、銀製箸は基本的には食事用と解説された。短すぎることや針留、飾りから実用に適しないのではと繰り返し問うたところ、たまたま居合わせた学芸担当者が、主君・主人に仕える女性が食事の給仕をする際に調理された食の数々にこれを刺し、毒が盛り込まれていないことを確認するのに用いると教えてくれた。毒素に触れると銀が黒化する性質を利用しての、毒殺防止用の道具ということになる。これもまた確証のない説明だが、一色氏らよりも実相に近い推論と考えている。

そうであれば、銀製箸も刀も重要な役割をもつことになる。そして毒味の機能が求められなくなったときに箸は無用になる。それが粧刀に箸をともなう一群と刀のみの一群が存在する理由と解釈できる。

粧刀が用いられた李朝時代の朝鮮は、刀箸分布圏の中国東北部に隣接しており、形態の一致は両者に関連があることを示している。つまり形態と用途の変化を整理すると、

A　中国東北部の諸民族の刀箸の伝播もしくは騎馬民族の系譜をもつ朝鮮族での使用

B　朝鮮での刀箸の小形化と、狩猟用から毒味用・自刃用の懐刀への性格の変化

C　同じ形態ながら、毒味用から自刃用への用途の比重の転換

D　自刃用の可能性を残しつつも、粧刀の名称に象徴される化粧時の使用を

含む装飾品への性格の変化

E　刀箸から箸が脱落し、懐刀の痕跡を残す刀も、自刃とは無関係なまでの装飾品化

という変遷が明らかになる。このように考えると、図42に示した木製鞘、象牙で飾られた柄をもつ刀、象牙箸からなる刀箸は、木製であることや全体から受ける質朴な印象から、李朝の粧刀としては古期のものと判断できる。1392年建国という李朝の長い歴史から、これらの変化が李朝以前あるいは李朝のどの段階で生じたのか、検討しておきたい。

李朝には先に紹介したノリゲとよばれる垂れ房飾りがあり、これをチョゴリに着けることで化粧が終わる。そのノリゲのなかでも重要なものにサムジャク（三作）とよばれるノリゲがある。3種類の化粧道具をあしらったノリゲを3本一組にして垂らすのだが、母娘で代々伝える家宝になっている。最近話題をよんだ韓国ドラマ「チャングムの誓い」で、少女時代のチャングムが父からサムジャクノリゲをもらう場面がある。この場合は筆、墨入れ、銀粧刀だった（キム 2006）。李朝の燕山君の時代、すなわち16世紀初頭のことで、サムジャクはすでに存在していた。銀粧刀があったことや、この銀粧刀に箸が付属しているかどうかは確認できないが、サムジャク自体はすでに存在しているから、刀箸状の粧刀が存在していた可能性はある。

相似した形態の粧刀を除けば、李朝を含め、朝鮮半島にA段階とした刀箸の使用の形跡は知られていない。それは粧刀への変容が相当に古い時期であることを示唆している。中国に分布する朝鮮族は近世に朝鮮半島から移住してきた人びとの後裔であるが、それ以前が無関係であったわけではない。ことに、朝鮮族が朝鮮半島北部に建国した高句麗（～668年）の後継国家である渤海（698～926年）の、ロシア沿海州から中国東北部、朝鮮半島北部におよぶ版図が、室韋とよばれた諸民族と接触し一部重なることは十分注目できる。また朝鮮半島南西部にあった百済の最後の王都泗沘は扶余族を祖先とする伝承にちなんで扶余

とも称されたが、その扶余族は吉林省西北部に分布していた。やがて朝鮮族は朝鮮半島に収斂し、17世紀末ごろから再び現在の中国領内に移住するようになる。こうした朝鮮族の動向からすれば、粧刀のモデルとなるA段階の刀箸と遭遇する機会は、渤海時代近くまでさかのぼりうる可能性を有している。それが先に相当に古い時期とした1点であり、張競の指摘する10世紀前半の年代観に近づいたものになる。

5　刀箸研究の現状

以上述べてきたように、刀箸は、李朝の粧刀を含めれば、ネパールから朝鮮半島にかけての広がりをもつ。それは本来、室韋とよばれた狩猟・漁撈・農耕を生業とする民族が大型獣などの獲物を解体するために使う刀を食事にも使うために箸とセットにして携帯の利便性をはかったもので、漢族の生活圏の外縁にいるモンゴル族･チベット族ほかの狩猟民族が使用をはじめたと考えられる。こうして非日常的な狩猟の道具の一種として発生する。その開始期を明示する考古･文献などの資史料に不足があるものの、社会的歴史的環境を考慮すれば、10世紀ごろまでさかのぼりうる可能性が想定できる。

刀箸の鞘に装備される箸は、刀箸が漢族の生活圏の外縁で使われていることから、漢族から波及してきたと考えてよい。そしてこれらの刀箸は、時間の経過とともに、日本の割り箸に匹敵するような簡便さをもって日常の食卓にも供されるようになり、李氏の朝鮮王朝では、本来男性用・狩猟用であった刀箸が女性の懐刀、さらには装身具に変容していく。そして現代では、欧米風のナイフとフォークを用いる生活の影響もあって、刀箸分布圏の諸民族もそれをナイフと箸に置き換え、セットとしての刀箸ではなく、それぞれに個性をもつナイフと箸として別に用意されるようになっている、とまとめることができる。

なお、肉食の機会の少なかった日本に、刀箸が伝わったとは考え難い。「春日権現験記絵」（野間 1978）の図版3に、藤原元弘が天暦年間（947～957年）に竹林殿を造営している場面がある。建築現場で働く大工の姿が描かれているが、食事中の一人の腰に刀箸らしきものが差されている。他の大工の腰刀、あるいは他の絵巻物に描かれた大工の腰刀に箸は認められず、何よりも述べてきた刀箸の性格や使用法は稲作農耕民族である日本人には無縁で、おそらくは柄の装飾や小柄などの表現であろう。ただ、「春日権現験記絵」は1309（延慶2）年に左大臣西園寺公衡が奉納したもので、古代日本がもっとも頻繁に交流し毛皮類を競って求めたのが渤海であるだけに、気がかりな絵である。

わずかな期日の内蒙古自治区の旅だったが、刀箸を使う光景は一度も目にすることもできなかったし、都市部ではすでに歴史遺産としてしか知られていなかった。肝心の刀箸の出現期を明確にすることはできなかったが、消えゆく刀箸の文化を記録として残しておこう。

第7章　奥深い箸の世界

さまざまに使われる箸

これまでの記述には大きな前提があった。性格や用途を食事用に限定した箸についてのみ語るという前提である。しかし、文中で905年の『観世音寺資財帳』にある仏事用の箸や大宰府出土の火箸、さらには中世のとめぐしや排便処理用の籌木にふれている部分があるように、箸は食事用以外の目的で使われる場合がある。仏事祭事用の箸や火箸、それに調理用の菜箸などは2本セットで物を挟むという共通項があるが、とめぐしや籌木は2本をセットにする必要はない。

占いに使う筮竹はもともと箸を転用していた。神社仏閣のおみくじ（御神籤）は、最近は紙札になっているが、かつては箱に収められた串に番号が書いてあり、匣（箱）を振り上面の小孔から出てきた串の番号の紙札でお告げを知っていた。図43は宮崎県東臼杵郡椎葉村の松尾神社でみたものだが、社殿の外側の壁に掛けられた木札に番号と籤の吉凶の内容が記されている。おみくじ（御神籤）箱をふって出てきた串の番号が「四十番」であれば、外壁の木札の「四十番末小吉」を選んでお告げの内容を読むようになっていて、よくみる紙札よりも古制を残している。木製の串は今では細長くて薄い平板となっているが、太宰府市観世音寺に伝わるおみくじ箱のなかにある串には、断面円形の寸胴箸が使われている。江戸時代の宝くじである富籤の抽選も、同様に、箱に収めた箸の番号で当たりくじを決めていた。おみくじや筮竹・当たりくじも2本セットの必要はない。このように元は食事用の箸が転用されていたにしても、食事

図 43　宮崎県椎葉村松尾神社の御神籤

用ではない箸がある。

鹿児島県の大口地方にナンコという酒の席の遊びがある。食卓にある箸を数本手に握って背中側に隠し、相手に「何個？」と尋ね、数が合わなければ罰でもう一杯焼酎を飲まなければならなくなる。ここで使われる箸は料理を食べる箸そのものだから、遊びに使われても、遊戯具ではない。図 44 は鹿児島県の物産センターで買ったお土産の「ナンコ」（商品名は「なんこ玉」）だが、長めの長方体の短い棒になっていて、箸の名残はまったくうかがえない。その「ナンコ」を漢字では「闘箸」と書く。高知県にも宿毛から広がった「箸拳」という酒宴の座興がある。2 人が箸を 3 本ずつ持って向かい合って座り、相手に対して自分の持っている 3 本のうちの何本かを前に出して、数を当てさせる。これを三本勝負で行い、負け

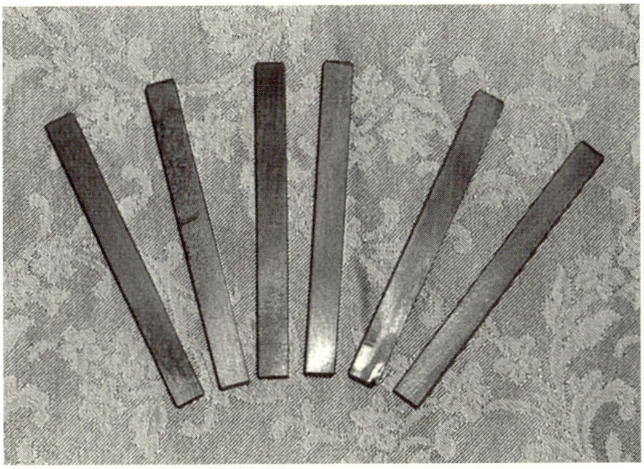

図44　闘箸（ナンコ）の箸（すでに箸の形を失っている）

た方は中央に置かれた献盃（祝盃）を飲まなければならない。だから祝盃ではなく罰盃ともいう。この箸拳の由来には諸説があるが、有力な説は江戸時代末期の1863（文久3）年に薩摩に行った船乗りが見憶えたというものがある（広谷 1981）。この説が正しければ大口地方の闘箸（ナンコ）の遊びが港町を経て高知に伝わった可能性がある。以上のことは高知の出原恵三の教示によって知った。

箸とは異なる形態の六博の「箸」

このような酒の席での遊びの箸は古代の中国にもある。中国の春秋時代からみられ、三国時代以降に急速に衰えた六博という盤上遊戯があり、その道具が考古資料で知られている（駒井 1943）。陸博ともいうが、陸は六のことで、同じ盤上遊戯をさす。渡部武に「盤上の小宇宙と六博ゲーム」（渡部 1991）という好論があるので、考古資料と文献史料の詳細はそれに譲り、遊びの内容をみておこう。

図45が六博の遊びで、四川省成都市の成都市博物館所蔵画像塼の例だが、これから遊びの様子がうかがわれる。同様の図は江蘇省銅山県台上村出土画像石などほかにも数多くあるが、すでに消滅した遊びのためゲームの内容はあまり

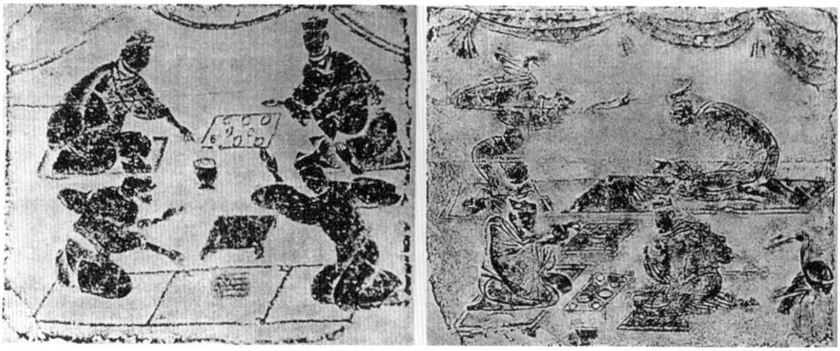

図 45　四川省成都市出土の六博図画像塼

わかっていない。しかし画像から、方格規矩四神鏡の背面文様に似た博局文をもつ盤上あるいは敷物の上に骰子（さい、サイコロ）を投げ、出た目によって盤上の駒を進めたのであろうことはうかがえる。それぞれの画像をみると、六博盤とは別に、酒のはいった容器と盃にあたる耳杯が置かれているから、六博の敗者は罰として酒を強制的に飲まされたと思われる。この点は闘箸(ナンコ)や箸拳に通じている。

湖北省江陵県鳳凰山 8 号前漢墓は文帝・景帝（紀元前 179〜前 141 年）ごろの墓葬で、副葬品リストに相当する遣策が出土した（長江 1974）が、それに「博算綦桐博席一具博嚢一」とあった。渡部の考証で、博は簙で骰子（さい）にあたり、『説文』に「簙は局戯なり。六箸十二棊なり」とあって、箸が 6 本で 1 組になることがわかる。『西京雑記』巻 4 にも六博で六箸を用いるとあり、「竹を以てこれを為り、長さは六分」とある。これに該当する資料が鳳凰山 8 号墓から出土している。内側に詰め物をし、外側に黒漆を塗って仕上げた半截した竹製品で、下端部を削って平らにし、転がしたときにこの面で安定する。6 個あり、長さ 23.7 cm、幅 0.9 cm の大きさになる。これは約一尺になるから、『雑記』の六分は六寸（約 14.2 cm）の誤りだろう。報告の付表二の「江陵紀南城鳳凰山西漢墓出土器物統計表」の其他の項目に「竹箸」6 があるが、もちろん食事用の箸ではなく骰子としての竹箸である。つまりここに遊戯具としての、そして食

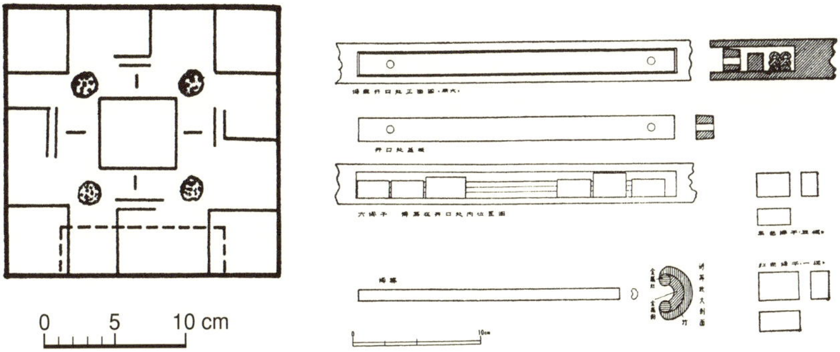

図 46　湖北省睡虎地 13 号秦墓出土の六博の博具

事用の箸とは似ても似つかない「箸」がある。

鳳凰山 8 号墓の遣策にある「博算綦梮博席一具博嚢一」のうちの博は骰子すなわち箸であるが、出土資料との対応で、博のほかに綦・梮の内容がわかる。綦は棊・棋と同じで盤上を進む駒にあたる。骨製の駒が 12 個出土していて、長さ 2.1 cm、幅 1.4 cm、厚さ 1.1 cm の小形品で、黒色と灰白色のものがそれぞれ 6 個ずつある。出土したときには円形の漆奩（小箱）に入れられていた。梮は局、つまり盤のことで、博局あるいは博局盤とよんでいる。長さ 21.8 cm、幅 21.1 cm、厚さ 1.9 cm の平たい盤が出土している。点数棒にあたる算、箸を投げるときの敷物の博席、それらを収納した袋である博嚢は出土していないが、六博の道具（博具）一具（1 セット）の内容を具体的にうかがえる好資料といえる。

鳳凰山 8 号前漢墓の六博は残念なことに報告に図や写真が掲載されていないが、それを図 46 の湖北省雲夢県睡虎地 13 号秦墓から出土した六博の博具が補う（湖北 1976）。図の左にある博局文（方格規矩文）のある長さ 38.5 cm×幅 35 cm、厚さ 3.3 cm の正方形の平板が梮すなわち博局盤で、左図の下端の点線部分に長さ 24 cm、奥行 6 cm、高さ 1.8 cm の彫り込み（凹槽）があり、駒と博（箸）をここに収め、両端に孔の空いた木片で蓋をする。孔に紐を通して博具を保管する。この凹槽への収納が右側の上半と右端の断面図に示されている。右端下部の大小の長方形の 2 点が骨製駒になり、6 個ある。大きい方は 1 個で、赤色に塗られている。他の 5 個はやや小形で、黒色に塗られている。中央下側にある半裁されて断面半円形となった長さ 19.5 cm の竹製品は算籌と報告されているが、博（箸）で 6 個ある。断面が拡大されているが、竹の内側に金属の粉を詰め、両端を銅線で止めている。点数棒にあたる算は出土していない。

さらにこれらを、湖南省長沙市の馬王堆 3 号前漢墓から出土した遣策と出土遺物の図・写真が補うが、不鮮明なので残念ながら文字での紹介に留めざるを得ない。馬王堆 3 号墓は軑侯利蒼の子供で、文帝の 12 年、紀元前 168 年に埋葬されているから、鳳凰山 8 号墓と同時期になる。

馬王堆 3 号墓の遣策は副葬品の品目ごとに書かれている。六博に関するものでは「博局一」「象其十二」「象直食其廿」「象筭三十枚」「象割刀一」「象削一」「象□□□□」がある（熊 1979）。「博局一」は博局盤つまり楇のことで、長さ・幅が 45 cm の正方形をなし、厚さ 1.2 cm をはかる木板の上面に博局文（方格規矩文）を刻み、象牙で象嵌している。「象其十二」は象牙製の棋（其）つまり駒で、長さ 4.2 cm、幅 3.2 cm、厚さ 2.3 cm のものが 12 個あり、鳳凰山と同様に黒と白が 6 個ずつある。「象直食其廿」も象牙製の棋（其）で、遣策の通りに 20 個出土している。先の駒よりも長さが 2.9 cm のように一回り小さく、20 個ともに灰黒色をしている。六博には不要の駒で、関係ないのかもしれない。「象筭三十枚」の筭は算のことで、鳳凰山 8 号墓にはなかった点数棒にあたる。これも象牙製で、長さ 22.7 cm、径 0.4 cm の長さのもの 12 個と、長さ 16.4 cm、径 0.3 cm とやや短いもの 30 個が出土していて、遣策にいう筭は短いものをさしている。断面の形は記されていないが、直径とあるので円形である。「象割刀一」「象削一」はいずれも刀子で、象割刀には長さ 22 cm の象牙製の環首が付き、象削は長さ 17.2 cm の木柄の付いた象牙製の刀子に対応している。残りの「象□□□□」は文字が磨滅して読めないが、この遣策に博つまり骰子（さい）が欠けていることが気になる。ともあれこれらの六博の博局から刀子にいたる道具は正方形の箱に要領よく収納されている。

馬王堆３号墓の六博の問題点は遣策にも出土資料にも博つまり骰子（さい）が欠けていることにある。そこで熊伝新と渡部武は別に出土した直径 4.5 cm の正十八面体の木製骰子をそれに当て、渡部は内容不明の「象□□□□」を「象筭三十枚」に漏れていた長い方を筭として遣策を「象筭十二枚」に復原している。しかしこれには疑問がある。正十八面体のサイコロと似た例が、六博が消滅した時期の、新羅の雁鴨池遺跡から出土している。正十四面体で、転がして出た面に書かれた、たとえば「衆人打鼻」とあれば皆から鼻をはじかれ、「三盞一去」とあれば立て続けに盃３杯の酒を飲み干さなければならないし、「空詠詩過」が出ると詩を吟唱しなければならず、芸ができなければ酒を飲まなければならない酒令の遊戯具で、六博とは関係ない。馬王堆の骰子もおそらくは番号に合わせた芸を要求される酒令具であり、六博と関係するとすれば、負けた人への罰ゲームの道具としてであろう。文字が消えたこの遣策は「象博十二枚」または「象箸十二枚」で、鳳凰山の博とは異なって食事用の箸そのものの形態をしているが、倍数の 12 個あること、つまり６博×2 ということと博を安定させる下端の平坦面がないことから、別の方法で使用したと考えている。

時代が前後するが、馬王堆３号前漢墓の箸そのものの博と、断面半円形の竹製品の内側に金属粉とそれを抑える銅線を入れた睡虎地 13 号秦墓の博や断面半円形の象牙製の棒の内側に詰め物をしている鳳凰山８号前漢墓の博を比較すると、六博の「箸」が食事用の「箸」と同じ文字で表現される由縁が、闘箸（ナンコ）の箸が食事用の箸から酒席用の長立方体の棒に変化したような変化の過程と同様であろうことがここに示されているのではなかろうか。

現代韓国に「윷」（ユット）という遊戯具がある（図 47）。赤白あるいは黒白のように２色の駒が４個ずつあり、チームを組んで争う。円形の棒の一部を平坦に加工した木棒（ユット）を投げ、落下したユットの平坦な裏（丸みのある部分で文字が書かれているほうが表）が出た数だけ進める。相手の駒に味方の

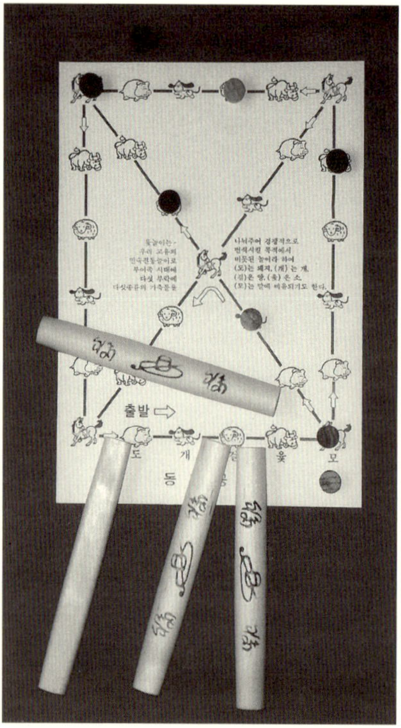

図 47　ユットの遊び

駒が乗った場合には、相手は出発点まで戻らなければならず、4隅のどれかに止まらない限り中央に向かう斜め線には乗れない。このユットの遊びの起源や系譜については知らないが、木棒（ユット）の形態が鳳凰山8号墓で出土した博（箸）6本と類似していることや、黒と灰白色の棊（駒）が各6個計12個で、それぞれの3分の2になっており、各隅部から中央をめざすことと方格との関連もありそうで、六博の後裔であるような気がしてならない。

奥深い箸の世界

中国の遊び道具だが、箸を利用した麻雀牌をもっている。列車のなかでの退屈しのぎなどに使うという。今回はほとんどふれなかったが、ピンセット状の折箸は、かつて灯明の芯になる油まみれの火縄を引き出すには必需だった。今でも中国の市場で総菜の取り分けに活躍している。縁日で見かける箸巻きは文字通りお好み焼き風のおやつを箸に巻いている。このように箸は食事用であることの有無にかかわらず、広く使われ、生活の必需品になっている。

ちなみに『広辞苑』を引けば、箸を使ったことわざが8例載っている。この8例を家庭生活に合わせて紹介すると次のようになろう。

日常のたわいもないことでもおかしく感じる年ごろ、ことに思春期の娘を「箸が転んでもおかしい年ごろ」という。食事の席で、たまたま転がった箸をみるようなたわいもないことでも、笑いが止まらない年ごろの娘の姿は自分の娘で何度も体験しているが、家庭の微笑ましい幸せが垣間見える。ところがその娘が反抗期になり手がつけられない「箸にも棒にもかからない」状態になると、つまらない一挙一動の「箸の上げ下ろし」にも口うるさく注意し、十分に理解するように「箸で含めるように」（「噛んで含めるように」とも）言い聞かせることになる。娘の名誉のためにいえばこちらは体験していない。息子の方は、食べはじめに「箸を取る」「箸をつける」と、美味しくて次々と「箸が進む」ので多量に食べ、頼もしく育っていく息子や娘に妻は「箸を持って食うばかりに」行き届いた世話をしている。『広辞苑』にはないが、何一つ苦労なく育つことを「箸より重い物を持たない」という。こちらも子供に体験させていない。

人生の節々にも箸が登場する。赤ちゃんが誕生すると、普通、生後百日目に御食い初め（箸初め）の儀式があり、人はここではじめて箸と出会うが、本人の記憶にはない。そこで博多では、3歳の誕生日に「ポッポ膳」を用意する。「ポッポ」は鶴の幼児語で、白木に松竹梅や鶴亀のようなめでたい絵を描いた小形の脚付き膳をいう。それまでは親から食べさせてもらっていたのが、はじめて自分の膳、自分の箸をもつようになり、これからは自分で食事できように祝う。やがて年ごろになると、出雲大社にお願いして「縁結び箸」をいただき、効果があらわれて家庭をもつと「夫婦箸」を使うようになる。人生のおりおりを充実させるために「厄除け箸」や「開運箸」を使うこともある。災いを転じて幸運をもたらしてもらうためには南天（難転）で作った「南天箸」を使うが、奈良元興寺の庚申さんにお願いして「身代り箸」が必要になることもあろう。やがて長寿を願って「長寿箸」や「延寿箸」「福寿箸」を使うようになるが、寄る年波には抗せなくなり「ボケ封じ箸」のお世話になる。死後も箸のお世話になる。死ぬと箸に巻いた脱脂綿や布に含ませた末期の水で口を湿らしてもらい、枕飯に二本箸を立ててもらう。やがて火葬され、「偲び箸」で左右から骨揚げしてもらう。このときに左右から同時に一つの骨を挟むから、箸から箸へ食べ物を渡す箸渡しは禁忌になっている。

人は誕生して死ぬまで箸のお世話になる。したがって箸はどこにでも登場し、民俗学や家政学をはじめいろいろな分野の研究対象になっている。しかし不思議なことに考古学分野の専論はほとんどなかった。そこで遅ればせながら考古学の立場から箸論議に参加することにし、「箸の考古学」事始めを試みてみた。今後いっそうの議論をよぶようになることを期待したい。

引用文献

秋山光和編　1968『原色日本の美術』8、小学館

安金槐・王与剛　1972「密県打虎亭漢代画像石墓和壁画墓」『文物』1972 年 10 期、文物出版社

石原道博編訳　1985『新訂魏志倭人伝他三編』岩波文庫青 401-1、岩波書店

石松好雄ほか　1975『大宰府史跡—昭和 49 年度発掘調査概報—』九州歴史資料館

石松好雄ほか　1979『大宰府史跡—昭和 53 年度発掘調査概報—』九州歴史資料館

石松好雄ほか　1982『大宰府史跡—昭和 56 年度発掘調査概報—』九州歴史資料館

石松好雄ほか　1983『大宰府史跡—昭和 57 年度発掘調査概報—』九州歴史資料館

石松好雄ほか　1988『大宰府史跡—昭和 62 年度発掘調査概報—』九州歴史資料館

一色　八郎　1990『箸の文化史』御茶の水書房

一色　八郎　1991『箸（はし）』カラーブックス 816、保育社

伊藤亜人・大村益夫ほか監修　1986『朝鮮を知る事典』平凡社、105 頁

指宿市教育委員会　1996『時遊館 CoCCo はしむれ展示案内』指宿市教育委員会

尹瑞石（佐々木道雄訳）　2005『韓国食生活文化の歴史』明石書店

于　暁　飛　2005『消滅の危機に瀕した中国少数民族の言語と文化』明石書店

雲南省文物工作隊　1962「雲南昭通桂家院子東漢墓発掘」『考古』1962 年 8 期、考古雑誌社

王　煒林編　2001『神木大保当』科学出版社

王　増　新　1960「遼陽市棒台子 2 号壁画墓」『考古』1960 年 1 期、文物出版社

王　有　鵬　1980「四川新都県発現一批画像塼」『文物』1980 年 2 期、文物出版社

王善才・張典維　1995「湖北清江香炉石遺址的発掘」『文物』1995 年 9 期、文物出版社

王仁湘（鈴木博訳）　2001『中国飲食文化』青土社

王　輔世編　1991『中国諸民族服飾図鑑』柏書房

大阪府立弥生文化博物館編　1995『弥生人の食卓』大阪府立弥生文化博物館

太田　昌子　2001『箸の源流を探る—中国古代における箸使用習俗の成立—』汲古書院

何　応　国　1991「四川綿陽何家山 2 号東漢崖墓清理簡報」『文物』1991 年 3 期、文物出版社

金井　亀喜　1973『草戸千軒町遺跡 1972 年度発掘調査概報』広島県教育委員会

甘粛省文物管理委員会　1959「酒泉下河清第 1 号墓和第 18 号墓発掘簡報」『文物』1959 年

10期、文物出版社

紀南城鳳凰山一六八号漢墓発掘整理組　1975「湖北江陵鳳凰山一六八号漢墓発掘簡報」『文物』1975年9期、文物出版社

木下　正史　1976「古代炊飯具の系譜」『古代・中世の社会と民俗文化』弘文堂

キム・ヨンヒョン（根本理恵訳）　2006『大長今テジャングム』上、角川書店

九州歴史資料館編　1988『大宰府』九州歴史資料館

草戸千軒町遺跡調査所　1973『草戸千軒町遺跡』3、福山市教育委員会

草戸千軒町遺跡調査所　1975『草戸千軒町遺跡―第15～17次発掘調査概要―』福山市教育委員会

高　　文編　1987『四川漢代画磚集』上海人民美術出版社

黄　明　蘭　1977「洛陽西漢卜千秋墓発掘簡報」『文物』1977年6期、文物出版社

湖南省博物館・中国科学院考古研究所編　1973『長沙馬王堆一号漢墓』文物出版社

湖北孝感地区第二期亦工亦農文物考古訓練班　1976「湖北雲夢睡虎地十一座秦墓発掘簡報」『文物』1976年9期、文物出版社

小林正史・柳瀬昭彦　2002「コゲとススからみた弥生時代の米の調理方法」『日本考古学』13、日本考古学協会

小松正夫・日野久ほか　1993『秋田城―平成4年度秋田城跡調査概報―』秋田市教育委員会・秋田城跡調査事務所

駒井　和愛　1943「漢代の六博に就いて」『考古学雑誌』第33巻2号、日本考古学会

坂井　　隆　1998『「伊万里」からアジアが見える』講談社選書メチエ130、講談社

佐田茂・高倉洋彰編　1973『鹿部山遺跡』日本住宅公団

佐原　　真　1996『食の考古学』東京大学出版会

龔廷万・龔玉・戴嘉陵編　1998『巴蜀漢代画像集』文物出版社

七田忠昭編　1980『下中杖遺跡』佐賀県文化財調査報告書54

朱　重光編　1981『広州漢墓』中国田野考古報告集考古学専刊乙種21号、文物出版社

徐　家　珍　1957「関于“匕和鼎、鬲的関係”」『文物参攷資料』1957年5期、文物出版社

蒋英炬・呉文祺・関天相編　1982『山東漢画像石選集』斉魯書社

杉山富雄編　1986『比恵遺跡第9・10次調査報告』福岡市埋蔵文化財調査報告書145

盛　定　国　1984「益陽羊舞嶺戦国東漢墓清理簡報」『湖南考古輯刊』2、岳麓書社

関根　真隆　1969『奈良朝食生活の研究』吉川弘文館

孫徳潤・賀雅宜　1995「咸陽織布廠漢墓清理簡報」『考古与文物』1995年4期、考古与文物編輯部

高倉　洋彰　2003「倭人手食考」石野博信編『初期古墳と大和の考古学』学生社

高倉　洋彰　2008「遣漢使節の道」『九州と東アジアの考古学』上、九州大学考古学研究室50周年記念論文集、同書刊行会
高倉洋彰編　1970『宝台遺跡』日本住宅公団
高谷和生編　2001『柳町遺跡Ⅰ』熊本県文化財調査報告 200
田中　　淡　1985「古代中国画像の割烹と飲食」『論集　東アジアの食事文化』平凡社
段　玉　載　1981『説文解字注』上海古籍出版社
張　　　競　1997『中華料理の文化史』ちくま新書 124、筑摩書房
張　増　祺　1965「雲南大関、昭通東漢崖墓清理報告」『考古』1965年3期、考古雑誌社
長江流域第二期文物考古工作人員訓練班　1974「湖北江陵鳳凰山西漢墓発掘簡報」『文物』1974年6期、文物出版社
鄭　義　道　2008「青銅匙の登場と拡散」『石堂論叢』42、東亜大学校石堂学術院
鄭　乃　武　1961「甘粛臨夏大河荘漢墓的発掘」『考古』1961年3期、科学出版社
陳　振　裕　1981「雲夢大墳頭1号漢墓」『文物資料叢刊』4、文物出版社
陳　振裕編　1981『雲夢睡虎地秦墓』文物出版社
坪井清足編　1980『よみがえる平城京―天平の生活白書―』日本放送出版協会
佟　柱　臣　1991『中国辺疆民族物質文化史』巴蜀書社
鳥越憲三郎　1980『箸と俎』日本人の生活文化史 2、毎日新聞社
内蒙古自治区博物館文物工作隊編　1978『和林格爾漢墓壁画』文物出版社
中井一夫編　1983『和爾・森本遺跡』奈良県史跡名勝天然記念物調査報告 45
奈良県教育委員会　1969『藤原宮』奈良県史跡名勝天然記念物調査報告 25
奈良国立文化財研究所　1976『平城宮発掘調査報告Ⅶ』奈良国立文化財研究所学報 26
奈良国立文化財研究所　1982『平城宮発掘調査報告Ⅺ』奈良国立文化財研究所学報 40
奈良国立文化財研究所　1996『平城京長屋王邸跡』奈良国立文化財研究所
二宮忠司編　1979『福岡市南区三宅廃寺発掘調査報告書』福岡市埋蔵文化財発掘調査報告書 50
日本考古学協会（後藤守一ほか）編　1978『登呂』本編、東京堂出版
根木修・湯浅卓雄・土肥直樹　1992「水稲農耕の伝来と共に開始された淡水漁撈」『考古学研究』153、考古学研究会
納日碧力戈編　1997「蒙古草原文化巻」『中国地域文化』上、山東美術出版社
野沢　延行　1991『モンゴルの馬と遊牧民』原書房
野間清六編　1978「春日権現験記絵」『新修日本絵巻物全集』16、角川書店
萩原　眞子　1989「民族と文化の系譜」『東北アジアの民族と歴史』民族の世界史 3、山川出版社

麦　英　豪　1961「広州東郊沙河漢墓発掘簡報」『文物』1961年2期、文物出版社

浜田晋介編　1995『〈弥生の食〉展』川崎市市民ミュージアム

広島県草戸千軒町遺跡調査研究所　1979『草戸千軒』広島県考古学研究会

広谷喜十郎　1981『高知県酒造史』2、高知県酒造組合連合会

付仲楊・宋江寧・徐良高　2008「陝西扶風県周原遺址庄李西周墓発掘簡報」『考古』2008年12期、考古雑誌社

馮　　沂　1979「山東臨沂金雀山九座漢代墓葬」『文物』1979年1期、文物出版社

文化財管理局　1973『武寧王陵発掘調査報告書』三和出版社

文化財管理局　1993『雁鴨池』大韓民国文化部文化財管理局

文化庁　編　2002『発掘された日本列島2002新発見考古速報』朝日新聞社

文化庁文化財部　2005「新指定の文化財」『月刊文化財』501、第一書房

鳳凰山一六七号漢墓発掘整理小組　1976「江陵鳳凰山一六七号漢墓発掘簡報」『文物』1976年10期、文物出版社

彭　錦　華　1999「関沮秦漢墓清理簡報」『文物』1999年6期、文物出版社

本田總一郎　1978『箸の本』柴田書店

埋蔵文化財研究会第39回研究集会実行委員会　1996『古代の木製食器』埋蔵文化財研究会

間壁　葭子　1989「甕飯」『MUSEUM KYUSHU』52、博物館等建設推進九州会議

松村　恵司　1996「近畿地方の7世紀後半の土器」『日本土器事典』雄山閣

三嶋隆儀編　2001『中谷地遺跡』秋田県文化財調査報告書316

民族問題五種叢書雲南省編輯委員会　1983『佤族社会歴史調査』1・2、雲南人民出版社

向井由紀子・橋本慶子　2001『箸』ものと人間の文化史102、法政大学出版局

柳田康雄・小池史哲編　1982『三雲遺跡Ⅲ』福岡県文化財調査報告書63

柳瀬　昭彦　1998「米の調理法と食べ方」『弥生文化の研究』2、雄山閣

山口讓治編　1987『井相田遺跡Ⅰ』福岡市埋蔵文化財調査報告書152

山崎　純男　1996「有明海・不知火海沿岸の貝塚」『MUSEUM KYUSHU』52、博物館等建設推進九州会議

熊瑛・孫太初　1964「雲南祥雲大波那木槨銅棺墓清理報告」『文物』1964年12期、文物出版社

熊　伝　新　1979「談馬王堆三号西漢墓出土的陸博」『文物』1979年4期、文物出版社

余　扶　危　1975「洛陽澗西七里河東漢墓発掘簡報」『考古』1975年2期、科学出版社

楊　　豪　1961「広東韶関市郊古墓発掘報告」『考古』1961年8期、考古雑誌社

李大地・鄒后曦　2011「重慶市忠県将軍村墓群漢墓的清理」『考古』2011年1期、考古雑誌社

力武卓治・大庭康時　1987『那珂久平遺跡Ⅱ』福岡市埋蔵文化財発掘調査報告書 163
劉　雲　編　1996『中国箸文化大観』科学出版社
劉　化　勲　1978「湖南湘郷漢墓」『文物資料叢刊』2、文物出版社
梁　思　永　1959「殷墟発掘要覧」(『梁思永論文集』考古学専刊甲種 5 号)
遼寧省博物館編　2007『《清明上河図》研究文献滙編』万巻出版公司
盧　兆蔭編　1980『満城漢墓発掘報告』中国田野考古学報告集考古学専刊乙種 20 号、文物出版社
盧　茂　村　1980「安徽貴池発現東周青銅器」『文物』1980 年 8 期、文物出版社
楼　宇棟編　1989『曽侯乙墓』中国田野考古報告書考古学専刊丁種 37 号、文物出版社
楼　宇棟編　1993『密県打虎亭漢墓』文物出版社
渡部　　武　1991『画像が語る中国の古代』イメージ・リーディング叢書、平凡社

図版出典一覧（＊印は筆者自身によるもの）

図1　COCCO はしむれの縄文人と弥生人の食卓（＊）

図2　静岡市登呂遺跡で試みられていた蓋なしでの炊飯実験（＊）

図3　福岡市宝台遺跡の支脚と済州島の支脚風竈（左：高倉 1970、右：＊）

図4　水田耕作と組み合った淡水漁撈と狩猟（高 1987）

図5　籩豆とよばれた高杯（柳田・小池 1982）

図6　弥生食の復原（川崎市市民ミュージアム提供、浜田 1995）

図7　二本箸の形（左：寸胴箸、中：片口箸、右：両口箸）（＊）

図8　商代・春秋時代の箸と酒具器（1・2：王・張 1995、3：付・宋・徐 2008、4・5：楼 1989）

図9　湖南省長沙馬王堆1号漢墓の食具（湖南・中国 1973）

図10　箸立に入れられた箸（1：彭 1999、2：陳 1981）

図11　銀箸と陶灶（1：蘆 1980、2：鄭 1961）

図12　後漢墓に副葬された案と箸・耳杯（1：余 1975、2：雲南 1962、3：麦 1961、4：何 1991）

図13　厨房の光景（龔・龔・載 1998）

図14　河南省打虎亭1号漢墓の画像石にみえる厨房の忙しさ（楼 1993）

図15　打虎亭2号漢墓の壁画にみえる宴席の案の上の箸と耳杯（楼 1993）

図16　少人数の宴席（1：王 1960、2・3：蒋・呉・関 1982、4：王 1980）

図17　「刑渠哺父」図にみえる箸の使い方（徐 1957）

図18　百済武寧王陵の箸と匙（文化財 1973）

図19　大宰府出土の青銅製の箸と匙（1：石松 1982、2・3：二宮 1979、4：七田 1980）

図20　藤原宮跡出土の箸（奈良県立橿原考古学研究所提供）

図21　平城宮・京の木製箸（1：奈良文研 1976、2：奈良文研 1982、3：奈良文研 1996）

図22　北端の古代の箸（1・2：小松・日野 1993、3：三嶋 2001）

図23　唐代の食卓（王 2001）

図24　秋田城で使用された木製容器と製作技法（小松・日野 1993 から作成）

図25　飛鳥Ⅲ期前後の土器編年（松村 1996 から作成）

図26　秋田県五城目町中谷地遺跡の箸のある食膳具（三嶋 2001 から作成）

図 27　復原した大宰府の上級官人の食卓（九州歴史資料館提供）

図 28　宋代の川辺の飲食店の食卓（1：遼寧 2007、2：田中 1985）

図 29　箸と椀で食事する子供（秋山 1968）

図 30　鎌倉時代の箸と匙（1：石松 1983、2：石松 1975、3：石松 1988、4：草戸 1975）

図 31　卑弥呼の食卓（大阪府 1995）

図 32　福岡県古賀市鹿部東町遺跡の箸と木製食器（佐田・高倉 1973 から作成）

図 33　鹿部東町遺跡の木製品の出土状態（佐田・高倉 1973 から作成）

図 34　弥生・古墳時代の箸状木製品（1：杉山 1986、2：力武・大庭 1987、3：中井 1983）

図 35　博多雑煮と栗箸（＊）

図 36　奈良県田原本町唐古・鍵遺跡出土の土器に描かれた楼閣状建物（田原本町作成の各種パンフレットから作成）

図 37　刀箸の形態と組み合わせ（＊）

図 38　エヴェンキ族の刀箸（＊）

図 39　モンゴル族・オロチョン族・ホジェン族の刀箸（＊）

図 40　チベット族の刀箸（＊）

図 41　刀箸使用民族の分布（＊）

図 42　李朝の粧刀（＊）

図 43　宮崎県椎葉村松尾神社の御神籤（宮崎公立大学永松敦氏撮影）

図 44　闘箸（ナンコ）の箸（＊）

図 45　四川省成都市出土の六博図画像塼（高 1987）

図 46　湖北省睡虎地 13 号秦墓出土の六博の博具（湖北 1976）

図 47　ユットの遊び（＊）

おわりに

『魏志』倭人伝の文中にある「食飲には籩豆を用い手食す」が「飲食には高坏をもちい、手で食べる」（岩波文庫現代語訳）、つまり手づかみで食事するという意味で理解されることに疑問をもったことが、本書を書く動機になった。当時の倭と漢・魏の交流からすれば、少なくとも上層部では漢・魏の食事のマナーは熟知されているはずだから、箸の不在など考え難いからである。これは「手を用いてご飯を食べるのは作法どおりだが、箸を使わずにおかず（副食）も手で食べている」と訳すべきで、手で副食を食べていたのは、①箸の存在しない当時の正しい食習俗を反映している、②正式の食では箸を用いることもあったので労働の場あるいは旅先など屋外での簡略な食の光景の反映である、の２通りが考えられる。

正始元（240）年に印綬や詔書、賜遺の物を持って倭を訪れた建中校尉梯儁らの一行が泊まったであろう「郡使の往来常に駐まる所」と倭人伝が記す伊都国にあった客館で、①であれば箸の知識がないため魏使も箸を使わずに「手食」する事態になりかねない。それが倭人は手食するという倭人伝の情報源になった可能性は否定できないが、漢や魏の宴席に列した倭使からの情報はそのようなミスを犯させなかったであろうから、上層部の一部であっても箸の知識はあったと考えられる。箸と対になる木製や土製の匙は出土しているから、箸が存在した可能性はいっそう増してくる。したがって②の可能性が高まる。

そこで①か②のどちらかを明らかにしよう考えたのが本書である。

その結果として、本書でこれまで述べてきたことをまとめると、

1　中国における箸状品の出現と食事用の箸としての普及の流れからみて、日本と交流のはじまる漢代の食事作法は、ご飯を手でつまむか匙ですくって食べ、おかず（副食）をつまむのに箸を用いるのが、正しかった。

2　日本列島では、福岡県鹿部東町遺跡で木製の匙とともに最古の木製箸が認められる。それは中国との直接的な交流がはじまる以前のことになり、水稲耕作技術の伝播にともなって伝わった生活習俗の一つとして、間接的に中国の箸使用の習俗が伝わっていた可能性が高い。

3　しかし大勢は、高台の付かない須恵器の杯・皿類の伝来を契機として、5世紀代以降に箸・匙の使用の一定の普及を想定でき、

4　大部分の考古資料が示すように、木製で平底の蓋付き木製容器である笥と高台を付けることによって安定感の増した杯および杯・皿が食膳具のセットとなる、飛鳥Ⅲ期（670年前後）のころから本格的な普及がはじまり、奈良時代の後半には列島の各地に普及している。

5　3・4は、木製箸資料から考えたことで、竹製箸が確認できるようになれば、普及の時期はいっそう古くなる。

6　これらから、『魏志』倭人伝にいう倭人の手食は、ご飯を手で食べるのは漢や魏においても食事作法にかなっていることだから、「手食」は①のおかず（副食）をも手づかみで食べているということを意味することになる。労働などの場や旅先などではそれは大いにありうるが、住まいのなかでの食事では、弥生時代以来、箸や匙が使われていた可能性が高い。

ということになる。少なくとも古代の東アジアにおいて、匙とセットになった箸食への知識、箸食の採用は、中国文化への理解度や開化度を示しており、中国史書の伝える倭人像・倭国像は倭がその負託に十分応えていたことを示している。学問は「手食」の2字を明らかにするささいな努力によっても大いに前進することを示せたのではとも思う。

なお、本書は2003年に「倭人手食考」（石野博信編『初期古墳と大和の考古

学』学生社）として執筆した論文の内容を大幅に加筆修正したものだが、加筆にあたって下記の論文を適宜取り込んでいる。

・「弥生の食卓」『歴史九州』88（第8巻第5号）、九州歴史大学講座事務局、1993年
・「刀箸考」『西南学院大学国際文化論集』第21巻第2号、西南学院大学、2007年
・「中国における箸の出現と普及」『西南学院大学国際文化論集』第22巻第2号、西南学院大学、2008年

発表時と多少異なる部分があるが、その後の研究成果としてご海容いただければ幸いである。

2011年5月11日

太宰府観世音寺にて

高倉洋彰

ものが語る歴史シリーズ㉖

箸《はし》の考《こう》古《こ》学《がく》

■著者略歴■

高倉洋彰（たかくら　ひろあき）

1943年、福岡県生まれ。

九州大学大学院文学研究科博士課程単位取得退学、文学博士。九州歴史資料館技術主査を経て、現在、西南学院大学国際文化学部教授、同大学博物館館長。

主な著書

『弥生時代社会の研究』（寧楽社、1981年）、『日本金属器出現期の研究』（学生社、1990年）、『弥生』（光文社文庫、1991年）、『金印国家群の時代』（青木書店、1995年）、『交流する弥生人』（吉川弘文館、2001年）、『九州と東アジアの考古学』（共著、九州大学考古学研究室50周年記念論文集刊行会、2008年）、『AMS年代と考古学』（田中良之と共編、学生社、2011年）他多数。

2011年11月5日発行

著　者　高 倉 洋 彰
発行者　山 脇 洋 亮
印　刷　三報社印刷㈱
製　本　協栄製本㈱

発行所　東京都千代田区飯田橋4-4-8
（〒102-0072）東京中央ビル
TEL　03-3239-1467　振替　00140-0-20618
㈱同成社

ISBN978-4-88621-581-9　C3321

ものが語る歴史 既刊書

1	楽器の考古学	山田光洋著	4200円
2	ガラスの考古学	谷　一尚著	3700円
3	方形周溝墓の再発見	福田　聖著	4800円
4	遮光器土偶と縄文社会	金子昭彦著	4500円
5	黒潮の考古学	橋口尚武著	4800円
6	人物はにわの世界	稲村繁(文)・森昭(写真)	5000円
7	オホーツクの考古学	前田　潮著	5000円
8	井戸の考古学	鐘方正樹著	3700円
9	クマとフクロウのイオマンテ —アイヌの民族考古学	宇田川洋編	4800円
10	ヤコウガイの考古学	髙梨　修著	4800円
11	食の民俗考古学	橋口尚武著	3800円
12	石垣が語る江戸城	野中和夫編	7000円
13	アイヌのクマ送りの世界	木村英明・本田優子編	3800円
14	考古学が語る日本の近現代	小川望・小林克・両角まり編	4500円
15	古代馬具からみた韓半島と日本	張　允禎著	3800円
16	壺屋焼が語る琉球外史	小田静夫著	4500円
17	古代日本海の漁撈民	内田律雄著	4800円
18	石器づくりの考古学 —実験考古学と縄文時代のはじまり	長井謙治著	4600円
19	民族考古学と縄文の耳飾り	高山　純著	5800円
20	縄文の漆	岡村道雄著	3800円
21	古代蝦夷社会の成立	八木光則著	6000円
22	貝の考古学	忍澤成視著	7000円
23	アイヌの民族考古学	手塚　薫著	4800円
24	旧石器社会と日本民俗の基層	田村　隆著	5500円
25	蝦夷とは誰か	松本建速著	5700円

(定価は全て本体価格)